U0541071

教育部重大课题攻关项目
余杭区委区政府委托项目
中国法治研究院支持出版

中国法治指数报告
——余杭的实验（2012-2018年）

CHINA RULE OF LAW INDEX REPORT

钱弘道 等著

中国社会科学出版社

图书在版编目（CIP）数据

中国法治指数报告.2012—2018年：余杭的实验／钱弘道等著.—北京：中国社会科学出版社，2020.11
ISBN 978-7-5203-5190-4

Ⅰ.①中… Ⅱ.①钱… Ⅲ.①社会主义法制—建设—研究报告—余杭区—2012~2018 Ⅳ.①D920.0

中国版本图书馆 CIP 数据核字（2019）第216543号

出 版 人	赵剑英	
责任编辑	张　林	
特约编辑	刘健煊	
责任校对	韩海超	
责任印制	戴　宽	

出　　版	中国社会科学出版社	
社　　址	北京鼓楼西大街甲158号	
邮　　编	100720	
网　　址	http://www.csspw.cn	
发 行 部	010-84083685	
门 市 部	010-84029450	
经　　销	新华书店及其他书店	
印　　刷	北京明恒达印务有限公司	
装　　订	廊坊市广阳区广增装订厂	
版　　次	2020年11月第1版	
印　　次	2020年11月第1次印刷	
开　　本	710×1000 1/16	
印　　张	12.75	
插　　页	2	
字　　数	191千字	
定　　价	76.00元	

凡购买中国社会科学出版社图书，如有质量问题请与本社营销中心联系调换
电话：010-84083683
版权所有　侵权必究

参与撰写

(按姓氏笔画为序)

王梦宇	冯　烨	刘大伟	刘　静	刘　澜
许思达	杜维超	杨　涛	杨得兵	杨　楠
张珊珊	张　洁	张夏子	林丰挺	单　轶
项　欢	胡　军	柯海雅	段海风	莫张勤
钱无忧	徐　成	徐博峰	郭人菡	陶　枫
崔　鹤	康兰平	鲁彩雯	谢天予	窦海心

专家评审委员会
（按姓氏笔画为序）

王公义　石泰峰　吕庆喆　朱相远　刘作翔
江　平　孙笑侠　李步云　李　林　邱　本
张志铭　武树臣　林来梵　郑成良　孟祥锋
胡虎林　胡建淼　夏立安　钱弘道

目　　录

前　言 …………………………………………………………（1）

2012 年度余杭法治指数报告 ………………………………（30）

2013 年度余杭法治指数报告 ………………………………（54）

2014 年度余杭法治指数报告 ………………………………（73）

2015 年度余杭法治指数报告 ………………………………（104）

2016 年度余杭法治指数报告 ………………………………（125）

2017 年度余杭法治指数报告 ………………………………（148）

2018 年度余杭法治指数报告 ………………………………（171）

前　　言

法治指数 13 年

我跟中国的一个地方有不解之缘。这个地方是实证中华五千年文明史的良渚古城遗址所在地，是杨乃武小白菜奇案发生地，是近代国学大师、民主革命家章太炎的故乡，也是今天的阿里巴巴总部所在地——余杭。在余杭，我主持开展了中国内地第一个法治指数——余杭法治指数的实验。我的许多学术灵感、观点和思想都源于余杭法治指数实验。从2006年到2019年，余杭法治指数实验历经13个年头。由于2019年末新冠疫情暴发，余杭法治指数测评中断。13年间，余杭区在各方面都得到了良好的发展，我的头发也白了。[①] 13年来，我的学术生涯深深地打上了"法治指数"这个标记。13年，余杭法治指数催生了中国法治实践学派。13年，余杭法治指数成为中国法治发展的见证。

一　法治指数产生的背景

法治指数产生有国际和国内两个大背景。从国际看，各种指标体系的创设在治理活动中发挥日益重要的作用。从经济指标体系到生活质量指标体系、社会指标体系、环境质量指标体系，一直发展到法治指标体

[①] 余杭法治指数的实验13年间，历任中共余杭区委书记为何关新、朱金坤、徐立毅、徐文光、戴建平、毛溪浩，张振丰，共七位。在"平安浙江"15年纪念大会上，我做"余杭法治指数13年"的总结演讲，张振丰书记出席会议。

系,世界性的社会指标体系运动持续发展。从国内看,由中国共产党领导的大国法治建设无疑是人类历史波澜壮阔的重大政治实践。中国法治的理论和实践意义极其深远。在这场实践中,时任浙江省委书记的习近平同志推动实施"法治浙江"战略成为余杭法治指数产生的直接起因。没有中国的法治实践背景,法治指数在中国是不可能出现的。中国法治的特色化发展是不可阻挡的。法治指数是法治发展到一定阶段的必然产物。我所做的工作,只是抛砖引玉,让法治指数在这场法治实践中早点问世而已。

(一)余杭法治指数产生的国际背景

当代国际社会,虽然法治倒退现象不断出现,各国法治发展水平参差不齐,有的甚至相差很大,但总体是向前的,整个发展大趋势不可逆转。

与民主、人权相比,法治显得更加吸引人,更能够化解分歧,取得共识。人们相信,法治是发达国家的成功经验,是转型国家的必经途径。国际组织,如国际货币基金组织、世界银行与世界贸易组织,竭力向世界各国输出自己的法治理念和衡量标准。世界银行就推出了评估世界各国治理状况的综合指数(Worldwide Governance Index,WGI)[①],这个治理指数测评的指标包括言论与可问责性、政治不稳与暴力、政府效能、规制负担、法治、腐败六个维度。其中,法治成为衡量各个国家的治理水平和投资环境的重要维度。到目前为止,这一世界治理指数已经形成广泛的影响力。

2005年底,世界银行公布"2000年国别财富报告"。我与时任民建中央副主席、北京市政协副主席的朱相远先生专门讨论过世界银行的法治指数。我记得当时是在朱相远家里阳台上喝茶讨论的。朱先生的寓所

---

① 从1996年开始,来自世界银行的丹尼尔·考夫曼(Daniel Kaufmann)等三位学者提出,应当在整合来自国际政府组织和非政府组织的各种指标的基础上,发展一套能够有效评估世界各国治理状况的综合指数(Worldwide Governance Index,WGI)。D. Kaufmann, A. Kraay and P. Zoido – Lobaton, "Aggregating Governance Indicators", World Bank Policy Research Working Paper No. 2195, 1 – 4 (1999).

在高层，从阳台上看出去的视野十分开阔。我当时41岁，正是热情特别高的年龄，也是思考人生何去何从的关键阶段。2006年初，"2000年国别财富报告"出版时名为 *Where is the wealth of nations?*（《国家财富来自何方？》）。这个报告统计分析了近120个国家的财富构成基础。报告提出，越富庶的国家，有形资产所占比率越低，无形资产所占比例越高。报告称："此次财富估算最令人意外的，是无形资产具有很高的价值。被研究的样本中，有近85%的国家，其总财富中有50%以上来源于无形资本。"报告还发现，一个国家无形资本的大小，主要取决于法治程度与教育水平。在中低等收入国家中，其无形资本平均有36%取决于教育水平，57%取决于法治程度。报告的人均财富排名榜中，在被评估的118个国家里，我国排在第92位，倒数第27名。靠前的全是欧美国家，仅日本跻身于前10名。这些国家的法治指数与教育水平，同样也名列前茅。而排于末尾的倒数10名，多是撒哈拉沙漠以南的非洲贫穷国家，那里缺失合理的教育体系，法治水平很差，腐败盛行。[①]

世界银行报告给我很大启发。我计划对中国法治进行量化研究，用实证方法弥补规范方法的不足，用指标来设定法治目标，用数据来评估法治发展水平并发现存在的问题，由此寻找法治发展的进路。

（二）余杭法治指数产生的直接起因

余杭法治指数的故事必须追溯到一件事。2006年2月8日，春节后上班第三天，春寒料峭。时任浙江省委书记的习近平同志在杭州专题调研建设"法治浙江"工作。他先后到浙江省女子监狱、浙江省戒毒劳教所、杭州市公证处和余杭区闲林镇等处调研，期间还参观了小白菜文化园。[②]

---

① 参见朱相远《树立现代财富观——重视非物质无形资产财富的价值》，《光明日报》2006年4月24日。

② 小白菜文化园内有杨乃武小白菜案展示馆，馆内收集了大量有关杨毕案的珍贵资料，以场景式展现，将杨毕奇案设置成30组场景，形象生动地展现了杨乃武小白菜奇案的整个过程。园区内江南民居建筑，粉墙黛瓦，松窗竹户，外观古朴，幽雅别致。我后来在小白菜文化园设立中国法治实践学派个案研究基地。

习近平同志在余杭调研时特别强调要重视基层法治，提出基层法治的本质是中国共产党在基层的执政方式，关系到中国共产党在基层的执政基础是否牢固的问题。他说："加强基层依法治理工作，就是要完善基层执政方式，建立和规范基层利益协调、矛盾处理、社会建设和社会管理机制。引导基层组织和基层干部依法办事，引导基层群众以理性合法的形式表达自己的利益要求，从而促进社会的和谐与稳定。"习近平同志要求，在建设"法治浙江"进程中，各级党委、政府要从坚持科学执政、民主执政、依法执政的战略高度，进一步提高推进基层法治建设重要性和紧迫性的认识，"坚持工作重心下移，把基础放在基层、重点放在基层、关爱送到基层，切实加强基层依法治理工作，不断巩固党在基层的执政基础"。[①] 习近平同志这次调研实际上是为全面实施"法治浙江"战略做准备。

习近平担任党的总书记后，坚持"法治浙江"形成的路线，一如既往重视基层法治。2014年，《中共中央关于全面推进依法治国若干问题的决定》对基层法治作为全面推进依法治国的重点做出了明确规定。习近平总书记在中国共产党十八届四中全会第二次全体会议上说："要把全面推进依法治国的工作重点放在基层，发挥基层党组织在全面推进依法治国中的战斗堡垒作用，加强基层法治机构和法治队伍建设，教育引导基层广大党员、干部增强法治观念、提高依法办事能力，努力把全会提出的各项工作和举措落实到基层。"[②] 法治的根基在基层。如果基层法治薄弱，那么法治大厦就无法建立起来。只有牢固的基层法治，才能支撑强大的法治社会。只有强大的法治社会，才能支撑强大的法治国家。只有法治国家、法治政府与法治社会三位一体，齐头并进，法治才能实现全

[①] 参见钱弘道《中国特色社会主义法学理论根植于实践》，《法制日报》2014年10月25日。浙江一直重视基层民主法治建设。2003年，浙江在全国率先开展"民主法治村（社区）"创建工作，在扩大基层民主、维护社会稳定、提高基层法治化水平、增强干部群众法律意识和法律素质等方面取得了显著的成效。从2007年开始，浙江开展法治市、法治县（市、区）工作先进单位创建活动。2011年，省委还制定了《关于加强"法治浙江"基层基础建设的意见》，进一步健全了法治基层基础建设长效机制。参见浙江省中国特色社会主义理论体系研究中心《从"法治浙江"到"法治中国"》，《浙江日报》2018年7月22日。

[②] 习近平同志2014年10月23日在党的十八届四中全会第二次全体会议上的讲话。

面发展。

习近平同志到余杭调研后的第二天,余杭区委书记何关新等领导就联系我商谈"法治余杭"工作。当时,我在中国社会科学院法学研究所工作,同时也在浙江大学法学院兼职讲课。余杭区委领导说,浙江省委即将推出"法治浙江"战略,余杭需要率先行动,走在全省前面。余杭区委领导表示邀请我做"法治余杭"顾问。我建议,邀请国内专家建立"法治余杭"专家委员会作为智库,协力推进"法治余杭"建设。2006年2月11日,在杭州西子湖畔的望湖宾馆,余杭区委领导邀请若干位学者座谈,讨论"法治余杭"各方面工作,并商议成立"法治余杭"专家委员会。[①] 这次座谈后来被称为"望湖会议"。

2006年4月14日,应中共余杭区委邀请,我在余杭的一个大礼堂为余杭区领导干部作法治报告,作为启动"法治余杭"系统工程的动员大会。15日,余杭区委举行"建设'法治余杭'工作座谈会"。这个座谈会是在径山脚下的陆羽山庄召开的。[②] 这次座谈会后来被称为"径山会议"。在"径山会议"上,"法治余杭"专家委员会成立。[③] 我提出量化法治、制订"法治余杭"评估体系、开展法治指数测评的建议。余杭区委书记何关新同志在座谈会总结时采纳了我的建议。2006年4月,中共余杭区委法治建设领导小组委托我牵头成立法治余杭评估体系课题组。课题组成员既包括中国社会科学院、国家统计局、中国人民大学等单位的专家学者,也包括余杭区法治实践一线的干部。[④] 课题组广泛收集研究国内外资料,并进行了大量调研,反复讨论,最后完成了《"法治余杭"

[①] 参加"望湖会谈"的学者除我之外,还有浙江大学法学院孙笑侠教授和夏立安教授。

[②] 陆羽山庄在余杭西部径山镇。径山一带,山清水秀,风景秀丽。径山上有唐代古刹径山寺,与杭州的灵隐寺、净慈寺,宁波的天童寺、阿育王寺,并称为"禅院五山"。

[③] 中国社会科学院法学研究所所长李林、中国人民大学法学院张志铭、上海交通大学副校长郑成良、浙江大学副校长胡建淼、浙江省司法厅厅长胡虎林、浙江大学法学院院长孙笑侠、浙江大学法学院林来梵、浙江大学法学院夏立安,以及本人都被聘为首批专家委员会成员。

[④] 参加课题组的有"法治余杭"专家委员会成员,有后来被邀请参加评审组的中国社会科学院荣誉学部委员李步云研究员、司法部研究室主任王公义教授、国家统计局统计科学研究所社会统计研究室主任吕庆喆等同志,还有来自实践一线的余杭司法局干部马其镖、毛新利、郑建芬、郑红、梅彩菊、陈建六、唐文薇、张嘉聪等。浙江大学光华法学院梁上上教授等学者以及博士后、博士生、硕士生等也参加了课题研究。

评估体系研究报告》。

二 法治指数的实践效应

余杭法治指数对中国法治产生了一种推动力。中国政法大学终身教授江平教授在法治指数发布会上说："在互联网时代，余杭法治指数一定会产生'蝴蝶效应'，会对其他地区的执政者和党政部门形成压力和推动力，从而促进中国的法治建设进程。"[①]"蝴蝶效应"（The Butterfly Effect）是混沌学的一个比喻，指在一个动力系统中，初始条件下微小的变化能带动整个系统长期巨大的连锁反应。在一定程度上，江平教授的"蝴蝶效应"已经出现。余杭法治指数对实践产生的影响超过了我的预期。余杭法治指数成为"法治浙江"建设中的一个亮点，成为法治创新的"标杆"，成为全国许多地方学习借鉴的样本。法治指数评估在实践中得到广泛持续应用，并成为法治建设的一个"抓手"。中国出现了一种"法治指数现象"。[②]

（一）法治指数的价值

法治指数对法治的价值突出表现在"量化"上，即让法治有"尺"可量。法治指数对实践的直接作用是把法治从抽象变成具体，把法治变成可以用"尺"去测量、用数据去设定的目标。余杭法治指数是量化法治的创新举措，为全国各地的法治建设提供了量化法治的参考样本。

在中国这样一个缺少法治传统的大国，连究竟要"法治"还是要"人治"这样一个问题都要从古代争论到当代，如今突然要用法治指数测评法治的真实水平，这当然是一件具有深刻时代印记的新鲜事。记得当时上海交通大学副校长郑成良教授在法治指数评审会上说："弘道是第一个敢'吃螃蟹'的人。"鲁迅曾说："第一个吃螃蟹的人是很令人佩服的，不是勇士谁敢去吃它呢？"全国人大常委朱相远先生说："中国的法治指

[①] 万润龙：《"法治指数"的法制价值》，东方网，2008年6月16日。
[②] 参见鲁楠《世界法治指数的缘起与流变》，《环球法律评论》2014年第4期。

数建设非常难，第一个吃螃蟹，能从无到有，就是成功。"① 我当然不是勇士。虽然在中国内地，我们首先进行了法治指数实验，但毕竟借鉴了国际社会指标运动中的许多经验。

法治评估首先要涉及一套法治指标。这套指标要从法治内涵入手，根据现有法律法规的内容来设计。指标的设计是化抽象为具体，是将抽象的法治概念和理想变成具体可以实践的内容。指标设计是化繁为简，将众多的法律法规变成少量的易于理解操作的指南。指标设计是定性定量相结合，最终将法治要求转化为可以量化测定的标准。

媒体认为："余杭开内地法治量化评估先河"②；"'法治指数'作为衡量余杭法治建设水平的'标尺'，开创了中国法治量化评估的先河"③；"2006 年，余杭作出'法治余杭'建设决定，2008 年开始以法治指数来量化考核评估区域法治发展水平，这开创了中国法治量化评估的先河。近十年间，余杭法治建设成效举国知名，余杭经验为全国建立科学的法治建设指标体系和考核标准等决策的提出提供了参考。"④

中国社会科学院法学研究所所长李林研究员说："建立法治量化评估体系对于余杭这样的基层行政区而言，是推进民主法治建设的崭新探索，让法治真正有尺可量。"⑤

中国人民大学张志铭教授说："余杭建立法治评估体系的最大价值在于：把法治的内在要求通过一套科学合理的指标体系，将各地、各部门、各行业依法治理的内容分解、细化和量化，转化为一个个可以测评的指标，组成一个体系和系统，开创了全国法治建设的先河。"⑥

---

① 钱弘道主编：《中国法治增长点——学者和官员畅谈录》，中国社会科学出版社 2012 年版，第 34 页。
② 张乐：《杭州"量化法治"试验开创法治建设先河》，《半月谈》2008 年 2 月 29 日。
③ 柴国荣、徐祖贤：《余杭开内地法治量化评估先河》，中国经济时报－中国经济新闻网，2008 年 6 月 26 日。
④ 金春华：《量化考核评估区域法治发展水平"余杭指数"引领法治新风尚》，《浙江日报》2016 年 7 月 20 日。
⑤ 鲍洪俊、顾春：《量化法治的"余杭实验"》，《人民日报》2008 年 2 月 13 日。
⑥ 张乐：《杭州"量化法治"试验开创中国法治之先河》，原载《半月谈》，中国新闻网，2008 年 2 月 29 日。

中南财经大学张德淼教授、康兰平博士认为："'法治指数'作为近年来法治建设的一道亮丽风景线，它的提出让法治成为'可以量化的正义'，为地方的法治建设开启了量化评估、纵向发展和横向比较的先河。"①

余杭法治指数与国际组织法治指数的一个重要区别是，两者的指标不同。中国特色社会主义法治与西方法治存在本质区别。课题组当然不会照搬人家的指标。课题组围绕"党委依法执政、政府依法行政、司法公平正义、权利依法保障、市场规范有序、监督体系健全、民主政治完善、全民素质提升、社会平安和谐"九大目标任务设计了9个一级指标、27个二级指标、77个三级指标，并依据不同的职能，制定了考评区级部门、镇、村三个层面的考核指标。课题组设计了内审组、外审组、专家组评审及群众满意度调查四个步骤，按17.5%、17.5%、30%、35%的权重比评审计算法治指数。

2007年底，《"法治余杭"量化考核评估体系》通过专家论证。

2008年3月，我主笔的《法治量化评估的创新实践——余杭法治报告》在中国社会科学院《法治蓝皮书》发表。报告对余杭法治评估体系进行了较为全面的介绍。这是国内第一篇围绕基层法治评估的实验报告。

2008年7月9日至10日，全国普法依法治理工作联系点座谈会在河南省漯河市召开。全国普法办副主任、司法部副部长张苏军在会上强调："要制定科学的评估体系，客观分析创建进展情况，为积极推进、持续深化创建活动提供重要依据。"我应邀出席座谈会，专门介绍了余杭法治评估体系。

2008年6月14日，中国内地首个"法治指数"专家评审会召开。中国政法大学终身教授江平、中国社会科学院荣誉学部委员李步云教授、中共中央党校副校长石泰峰教授、中国社会科学院法学研究所所长李林研究员、司法部研究室主任王公义教授、国家统计局统计科学研究所社会统计研究室主任吕庆喆、上海交通大学副校长郑成良教授、浙江省司

---

① 张德淼、康兰平：《地方法治指数的理论维度及实践走向》，《当代社科视野》2014年第12期。

法厅厅长胡虎林、浙江大学副校长胡建淼教授、浙江大学法学院院长孙笑侠教授、浙江大学法学院林来梵教授等专家评审组成员参加评审会。我主持评审会。15日，余杭法治指数发布。法治指数由江平正式宣布。余杭区2007年度的法治指数为71.6分。

专家学者和实践工作者阐述了法治指数的意义。

江平在发布会上说，推出"法治指数"有三大作用：其一，推动政府工作；其二，促进学界法治量化研究；其三，创建人民表达民意的渠道。①

李步云说，法治指数的意义有四条："第一，为法治建设指明了方向；第二，通过评估，对法治建设起到了促进作用；第三，这是人民群众参加法治建设的一个新的渠道；第四，为我们法学研究工作者提供了一个新的研究方法。"②

中共余杭区委书记朱金坤说，法治指数让政府"做了一次体检"，实现了一次自我考核，找到基层法治工作的盲点，下一个阶段就是要把法治指数推广到乡镇，使其成为指导政府工作重心的一个参考，法治指数的出台不是政府花钱买数字、筑政绩，而是帮助政府找问题。③

余杭法治指数的开创性意义不仅在于量化法治，而且在于让第三方评估成为推进法治的一种机制。第三方评估，能体现数据采集的客观公正性；评估中又充分重视民意，最终让人民群众来评判政府。因此，余杭法治指数能反映余杭法治发展的实际状况。这一点，彻底改变了传统的完全自说自话的内部考核方法。江平说法治指数"创建人民表达民意的渠道"，李步云说法治指数"是人民群众参加法治建设的一个新的渠道"，正是对第三方评估在法治发展中的意义的高度概括。实际上，第三

---

① 张庆龙：《政府量化法治新尝试 内地首个"法治指数"出炉》，人民网—市场报，2008年6月16日。江平相关观点参见钱弘道主编《中国法治增长点——学者和官员畅谈录》，中国社会科学出版社2012年版，第22—27页。
② 钱弘道主编：《中国法治增长点——学者和官员畅谈录》，中国社会科学出版社2012年版，第106页。
③ 张庆龙：《政府量化法治新尝试 内地首个"法治指数"出炉》，人民网—市场报，2008年6月16日。

方法治评估就是一种民主参与机制,对民主和法治建设能发挥监督作用。运用并且不断发展第三方评估,就是培育法治社会力量的重要途径。法治评估指标之所以是一种倒逼机制,是因为它可以对政府形成压力,迫使政府采取具体措施,将法治口号变成法治行动。法治就是一种行动。从马克思主义到马克思主义中国化,"实践观点"是其核心要义,也是中国法治实践学派的理论基础。

法治评估可以形成法治建设合力。转型期中国法治的一个特征是,政府在法治建设中起着主导作用,这是由中国政治特点决定的。但是,法治不仅仅是政府的任务,法治应该是全体公民的责任。没有公民的参与,没有政府和社会形成的合力,法治建设就会流于形式,甚至根本不可能建成法治国家、法治政府、法治社会。三位一体的协同发展,才是中国法治发展的根本路径。

(二)法治指数在实践中的进一步拓展实验

在法治指数实验进行过程中,我又启动了另外两项研究:一是司法透明指数;二是电子政府发展指数。

2011年8月25日,浙江省高级人民法院组织召开"深入推进阳光司法专家意见征询会",我作为省高院咨询专家出席会议。会上,我向齐奇院长提出在全省测评司法透明指数或阳光司法指数的建议。齐奇院长当场采纳我的建议。我这个建议是在开车前往省高院途中想到的;《光明日报》记者发表采访文章说是我的"突发奇想"[1]。

我的建议被采纳后,成为2012年浙江省高级人民法院重点调研课题。2012年初,浙江省高院与浙江大学签订合作协议,启动阳光司法指数课题研究。我选择湖州市吴兴人民法院院长作为实验点。

2012年,我在牛津大学和剑桥大学访学期间,查阅收集了司法公开公正方面的大量英文文献。我发现,司法透明指数的研究和实验在世界上也是一件具有创新性的工作。访学期间,我设计了司法透明指标的基

---

[1] 王逸吟:《指数倒逼司法公开——阳光司法指数的浙江探索》,《光明日报》2013年2月21日。

本框架。5月，我专程请假从英国回国，开展司法透明指数调研活动，并与课题组成员共同完成《司法透明指标（讨论稿）》。

2012年5月29日，由浙江省高级人民法院和浙江大学共同举办的"2012中国法治论坛——司法透明指数研讨会"在杭州召开。中国政法大学终身教授江平、中国社会科学院荣誉学部委员李步云教授，浙江省高级人民法院院长齐奇，北京大学教授、山东大学文科一级教授武树臣，辽宁省纪委副书记、监察厅长孟祥锋，浙江省人民检察院副检察长张雪樵，司法部研究室主任王公义教授，浙江省高级人民法院常务副院长朱深远，中国政法大学副校长马怀德教授，中国人民大学法学院教授张志铭，中国人民大学法学院莫于川教授，中国社会科学院法学研究所刘作翔研究员，国家统计局统计科学研究所社会统计研究室主任吕庆喆，浙江省人大法制委主任委员胡虎林，浙江大学党委副书记周谷平教授，浙江省法学会副会长牛太升，复旦大学法学院院长孙笑侠教授，清华大学法学院林来梵教授、浙江大学光华法学院常务副院长朱新力教授，浙江大学光华法学院党委书记胡炜，浙江大学光华法学院胡铭教授等理论界和实践界人士出席论坛。

我代表课题组首先介绍了司法透明指数项目的背景以及指标设计的主要思路。与会代表围绕课题组提出的司法公开3个维度100个指标进行讨论。与会代表都给予司法透明指数创新研究很高评价，提出了许多宝贵建议。

中国社会科学院荣誉学部委员李步云说："司法透明指数研究是一项非常有创意的开创性工作。司法公开，是公众行使知情权、参与权、表达权、监督权的必然要求。阳光司法，对建立独立、公正、权威、高效、廉洁的司法机构，是一个重大的抓手。这一机制的改革，必然会影响到体制的改革。希望坚持下去，给全国树立一个榜样。"[①]

辽宁省纪委副书记、监察厅长孟祥锋说："司法公开原则要真正'落地生根'，需要三种实现形式：一是要转化为理念。理念引领行为，信仰

---

① 谢圣华：《将司法公开原则精细化标准化——司法透明指数研讨会综述》，《人民法院报》2012年6月20日。

使人自觉。二是要转化为制度程序，这样才会有硬约束。三是要转化为机制，其中最重要的是考核评价机制、奖惩机制。三者缺一不可。司法透明指数很有创意，是促进司法公开的重要抓手。"①

中国政法大学终身教授江平说："司法透明指数最核心、最根本的问题是裁判文书的公开，公开就表明了法院向民众来交待司法公正，司法裁判是否公正等着由社会上来认定，学者可以来品读，民众也可以来挑毛病。"②

浙江省高级人民法院院长齐奇说："阳光司法指数研究作为今年全省法院的重点调研课题，主题新颖，任务艰巨，要充分借鉴专家学者的智力成果，深入调研，扎实推进，理性实践，务求实效。要通过调研，研究制定出一套科学可行的司法公开量化评估体系，进一步完善司法公开的长效机制，为法治中国、法治浙江的完善和发展贡献力量。"③

2012年11月1日，浙江省高级人民法院在湖州举行司法透明指数论证和发布会，中国首个司法透明指数——湖州市吴兴区人民法院司法透明指数诞生。最高人民法院研究室主任胡云腾教授，北京大学教授、山东大学文科一级教授武树臣，中国人民大学法学院教授张志铭，中国社会科学院法学研究所研究员邱本，浙江大学光华法学院常务副院长朱新力教授，国家统计局统计科学研究所社会统计研究室主任吕庆喆，司法部政府法制研究中心研究员高航等专家学者以及浙江省高级人民法院、湖州市中级人民法院、吴兴区人民法院有关领导出席了论证和发布会。我代表课题组向与会代表详细介绍讲解了司法透明指标的设计理由和测评过程。会议围绕司法透明指数的意义、指标设计、评估方法以及基层法院进行司法透明指数试点的示范意义和推广等内容展开。

司法透明指数由民意调查指数和动态监测指数两部分构成，动态监测指数则有行政管理透明指数、司法过程透明指数两部分构成。课题组

---

① 谢圣华：《将司法公开原则精细化标准化——司法透明指数研讨会综述》，《人民法院报》2012年6月20日。

② 谢圣华：《将司法公开原则精细化标准化——司法透明指数研讨会综述》，《人民法院报》2012年6月20日。

③ 谢圣华：《将司法公开原则精细化标准化——司法透明指数研讨会综述》，《人民法院报》2012年6月20日。

将行政管理和司法过程，分解设定了6个一级指标，包括立案公开、审判公开、执行公开、人事管理、财务运行以及公众交流，同时下设47项二级指标，覆盖司法工作全过程。在课题组发布的《司法透明指数报告》中，完整地记录了吴兴区法院司法透明指数出台的全过程。在民意调查方面，课题组共发放问卷1013份，最后综合统计10项内容的平均分为62.61分，处于基本认可的水平。在行政管理方面，行政管理透明度得分为22分（总分44分）。在司法过程方面，司法过程透明度得分为36分（总分55分）。经过加权计算，吴兴区法院2012年度司法透明指数为0.616，处于司法公开的初级阶段。

吴兴法院发布司法透明指数之后，浙江省高院拟在全省法院系统测评司法透明指数，并征求我的意见。我们商量把全省司法透明指数测评工作委托给中国社会科学院法学研究所。中国社会科学院法学研究所的《法治蓝皮书》已经形成了良好影响力。2013年12月9日，浙江省法院阳光司法指数新闻发布会暨司法公开研讨会在最高人民法院第一法庭举行。最高人民法院常务副院长沈德咏出席发布会。沈德咏在致辞中说："浙江高院以实施阳光司法指数评估体系为抓手，构建开放、透明、便民、信息化的阳光司法新机制，这一做法在法院系统具有首创性和示范价值。深化司法公开是推进司法体制改革的重要突破口，各级法院要以严谨的法治精神引领司法公开，以健全的制度措施提升司法公开水平，以长效的工作机制保障司法公开落实，以人民群众的满意度检验司法公开成效，全面提高审判质量和效率。"[1]

2011—2012年，我与斯坦福大学法学院熊美英博士联合主持了杭州市电子政府发展指数的研究，完成了中英文《中国电子政府发展指数报告》。2012年12月15日，我组织了中国法治国际会议。浙江大学党委副书记邹晓东，北京大学教授、山东大学文科一级教授武树臣，清华大学法学院教授王晨光，北京大学传播与文化研究所所长龚文庠教授，中国社会科学院法学研究所研究员邱本，浙江省人民政府副秘书长陈广胜，

---

[1] 参见杨维汉《最高法：全国首部阳光司法指数测评报告发布》，中央政府门户网站，2013年12月9日。

杭州市副市长佟桂莉以及联合国电子政府发展指数顾问出席了会议。我与斯坦福大学法学院熊美英博士联合主持会议，并发表演讲。我在演讲中首次公开提出"中国法治实践学派"。

会上，中国首个电子政府发展指数在杭州发布。2012年度杭州地区电子政府发展总指数最高是拱墅区，指数为0.8709。在公布的三项分指数中，电信基础设施指数最高是拱墅区，为0.8788；人力资本指数最高的是西湖区，为0.8809；在线服务指数最高的是建德区，为1.0。电信基础设施是发展电子政务的基础和前提，人力资本是从用户角度来间接衡量电子政府的成效，保持在线服务的稳定性是增加公众对政府机构的信任的一项关键因素。电子政府发展指数是浙江省继法治指数、司法透明指数之后发布的第三个全国首创指数。课题研究历时两年多，量化考察了杭州市的电子政府发展水平，对促进法治发展、民主民生战略和"智慧城市"战略，实现管理创新，提高政府信息公开水平等具有重要意义。

（三）余杭法治指数的反响和推广应用

《"法治余杭"量化考核评估体系》出台，法治指数、司法透明指数、电子政府发展指数相继发布，引发了社会上广泛而热烈的讨论，也引起有关部门和领导关注。余杭法治指数在实践中得到积极推广。

中央电视台、《人民日报》、全国人大网、中国政府网、中国政协网、《新华社高管信息》《半月谈》《光明日报》《法制日报》《解放日报》《文汇报》等最重要的媒体均予以深度报道和关注。仅《人民日报》和《光明》报道就有10多次，整版报道多次。《人民日报》《光明日报》《法制日报》均以内参形式呈送有关部门。围绕"法治指数"的实践和讨论被媒体称为"法治指数现象"。学界和媒体给我一个幽默称号——"钱指数"[①]。江平说："如果我们从更高的角度看，我觉得余杭法治指数的含

---

① 王逸吟：《指数倒逼司法公开——阳光司法指数的浙江探索》，《光明日报》2013年2月21日。文中说："在学界，钱弘道被称为'钱指数'，这位法学和经济学双料博士喜欢用数字来看问题。2006年，他曾为杭州市余杭区设计'余杭法治指数'，在国内外产生了广泛影响。"我记得"钱指数"这个说法最早是李步云教授和林来发教授在杭州2012年中国法治论坛上说的。

义从本质上来说，关系到中国的两种前途，关系到究竟是实行法治还是人治的道路选择。"①

2008年1月5日，中共浙江省委赵洪祝书记对《光明日报》第190期《情况反映》关于"杭州余杭区首推法治建设评估体系"作出批示，中共浙江省委常委、杭州市委书记王国平要求总结推广"余杭经验"。

2008年4月21日，司法部张苏军副部长专程赴余杭召开"现场办公会"，就"法治余杭"量化评估体系进行实地调研。我向张苏军同志汇报了法治评估体系的主要内容以及测评法治指数的总体设想。张苏军同志说，余杭启动了一个良好的开端，余杭不仅成为浙江省的法治试验田，更要做"全国的法治试验田"。②他要求余杭区抓住全国"法治城市创建"活动的有利时机，先行一步，加强理论研究，找准工作切入点和突破口，把握好法治指数内部的自洽性、外部的成长性，兼顾相互的可比性，使法治指数成为推进余杭法治的利器。张苏军同志当场安排司法部研究室主任王公义教授参加余杭法治评估课题组。余杭法治指数也成为司法部委托研究项目。

2009年4月24日，中央电视台《今日说法》栏目组到余杭实地采访法治指数相关情况。主持人撒贝宁找我采访。他很认真，到我办公室翻阅了一大堆原始测评数据材料。

2013年3月28日，最高法院院长周强在浙江省高院《关于实施阳光司法指数评估体系的报告》上批示："浙江省高级人民法院实施阳光司法指数评估体系对于深入推进司法公开具有探索意义，望抓好落实，为全国法院提供经验。"最高人民法院常务副院长沈德咏批示："浙江高院的这一做法在法院系统具有首创性质和示范价值，其经验做法可印发各地法院参阅。"

2013年5月22日，浙江大学光华法学院专门就本人在法治指数、司法透明指数、电子政府发展指数以及中国法治研究方面的学术进展向浙

---

① 钱弘道主编：《中国法治增长点——学者和官员畅谈录》，中国社会科学出版社2012年版，第27页。
② 参见舒泰峰、赵春李《浙江余杭的"法治指数"实验》，《瞭望东方周刊》2008年5月5日。

江大学党委金德水书记作了书面汇报。24日,金德水书记批示:"对钱弘道教授创立法治评估学,并得到业界学界高度评价,表示崇敬、祝贺。"

2013年4月2日,全国政协原副主席罗豪才教授专程赴余杭调研法治指数在实践中的应用情况。此前,我在杭州汪庄专门向罗先生汇报了法治指数、司法透明指数、电子政府发展指数等课题研究情况以及中国法治实践学派的设想。罗先生对我们的实验研究和中国法治实践学派构想非常感兴趣,并且给予充分肯定和鼓励。听我汇报后的第二天,我陪同罗先生赴余杭调研考察。

法治指数发布后,全国多地组织人员到余杭调研考察。余杭做法被许多地方学习借鉴[①]。《"法治余杭"量化评估体系》作为"全国法治县(市、区)"创建活动的蓝本在全国得以推广。全国各地借鉴余杭法治指数评估经验,纷纷开展综合或专项法治评估。例如:

中共河北省委政法委法治处处长周保刚同志带队到浙江考察,我安排在弘道书院召开法治评估座谈会。周保刚同志回河北后,力推法治指数在河北落地,推出了"河北省设区的市法治建设评估"。

2014年7月15日,河北省高级人民法院召开新闻发布会,副院长王越飞向新闻媒体通报了《河北法院阳光司法指数评估暂行办法》。这标志着河北法院阳光司法指数评估机制正式建立并开始运行。

江苏省司法厅推出了法治社会指数。

中国社会科学院法学研究所每年在《法治蓝皮书》发布法治评估报告。

国家司法文明协同创新中心发布《中国司法文明指数报告》。

上海市高级人民法院发布《上海市高级人民法院司法公信力指数(试行)》。

华南理工大学法治评价与研究中心发布"珠三角湾区城市群法治指数。

---

① 据2016年统计,"余杭作为中国基层法治建设的试验田,还吸引了外地400余批次人员前来考察学习,法治量化评估的经验做法被许多地方移植借鉴。"参见《余杭推行法治量化评估工作》,浙江在线,2016年6月30日。

重庆市高级人民法院发布《重庆法治化营商环境司法评估指数体系（2019）》等。

江苏省人大常委会副主任公丕祥教授说："十多年前，钱弘道教授和他的研究团队在各方面的关心支持下，毅然走出大学的高楼深院，投身到丰富生动的当代中国法治实践之中，尤其是深入基层法治实践场域，在扎实而辛勤的基层法治调查研究的基础上，研制出著名的'余杭法治指数'。这是当代中国第一个以县域法治发展状况为评估对象的县域法治评估指数，甫一面世，便受到了法学界和法律实务界的广泛关注，遂而成为众多地区建立区域法治建设指标体系的重要参鉴，产生了显著的法治实践功能。"[1]

法治指数、司法透明指数相关课题研究获得了一些荣誉。

2008年11月30日，由浙江省委宣传部、浙江广电集团、浙江日报报业集团和浙江在线新闻网站共同主办的"敢为天下先——浙江省改革开放三十年百件典型事例发布盛典"隆重举行。书籍《潮起浙江——浙江省改革开放三十年典型事例一百例》面世。余杭法治指数成功入选。

2011年5月，《余杭法治指数：量化评估基层法治建设的新探索》案例从全省11市130余个案例中脱颖而出，荣获"浙江省公共管理创新案例十佳创新奖"。

2014年11月，余杭法治指数获"第三届中国法治政府奖提名奖"。

2015年，司法透明指数入选2015年度"浙江大学十大学术进展"。

2015年3月，阳光司法指数被写入最高人民法院首部中英文《司法公开白皮书》。

2017年4月，"2006—2016年浙江省十大法治事件和十大法治人物评选活动"结果揭晓，"余杭推行法治指数"成功入选浙江省十大法治事件。

余杭先后获得首批"全国法治县（市、区）创建活动先进单位"、全国平安建设先进区、浙江省平安县、市（区）九连冠等称号。

以余杭法治指数为代表的法治评估实践活动推动了法治评估的顶层

---

[1] 公丕祥：《大变革时代的中国法治现代化》前言，人民出版社2017年版。

设计。2013 年,《中共中央关于全面深化改革若干重大问题的决定》规定:"建设科学的法治建设指标体系和考核标准。"

2014 年,《中共中央关于全面推进依法治国若干重大问题的决定》规定:"用法治成效考核作为衡量各级领导班子和领导干部工作实绩重要内容,纳入政绩考核指标体系。"

中共中央十八届三中、四中全会以来,全国各地都认真贯彻落实中央精神,积极探索制订法治建设指标体系,推动法治评估工作。例如,浙江省正在探讨在全省推行第三方法治指数的测评。[1] 中央顶层设计为法治评估的进一步发展奠定了基础。法治评估从尝试、质疑到形成共识阶段,目前已步入如何按照顶层设计深化发展阶段。[2] 法治评估成为法治发展的增长点。[3] 我的一个基本判断是:"中央顶层设计和大数据时代的到来将从根本上影响未来中国法治评估的大格局和具体走向。法治量化难题的根本克服有待于大数据、人工智能的充分运用。知识结构的局限、研究方法的落后、资金的不足、资源配置的不当等因素构成突破难题的具体困难。因此,从根本上突破量化难题需要时间。"[4] 但无论如何,法治评估都是法治建设的重要维度。

二 余杭法治指数的理论效应

余杭法治指数在实践中的广泛应用必然带来理论研究的积极回应。法学界一大批学者加入了法治评估研究队伍,各种论坛或研讨会不断举办,各种课题研究陆续开展,研究成果陆续发表。余杭法治指数也引起了国外学者的关注。13 年来,我们至少可以看到中国法学界的三个现象:

---

[1] 2019 年元旦后上班第一天,浙江省司法厅副厅长蒋建森、处长王兰青等同志找我商讨在余杭法治经验的基础上进一步推出在全省推出法治指数。
[2] 钱弘道:《中国法治评估的兴起和未来走向》,《中国法律评论》2017 年第 4 期。
[3] 2008 年 7 月 22—24 日,国务院法制办组织在哈尔滨召开"加快法治政府建设理论研讨会",曹康泰主任出席会议,全国各省法制办主任出席会议,我应邀出席研讨会,并在会上提出法治评估是法治发展的增长点。《人民日报》在报道会议时引用了我的观点。
[4] 钱弘道:《中国法治评估的兴起和未来走向》,《中国法律评论》2017 年第 4 期。

其一，法治评估成为中国法学研究的热门领域；其二，法治评估促使法学方法论产生变革；其三，法治评估催生了中国法治实践学派。

（一）法治评估成为中国法学研究的热门领域。

13年的余杭法治指数报告，大多数在《法治蓝皮书》发表。①2007—2012年的余杭法治指数报告结集为《法治白皮书》，由中国社会科学出版社出版。2012年，在《中国社会科学》发表《法治评估及其中国应用》，这是在国内权威刊物发表的第一篇法治评估论文。2015年，在《中国社会科学》发表《论中国法治评估转型》。我们还在《法学研究》《浙江大学学报》（人文社会科学版）等刊物发表一些论文，多篇论文被《新华文摘》和《中国社会科学文摘》转载。例如，我们在2015年《法学研究》发表《法治评估模式辩异》。我主笔的《法治评估的实验——余杭案例》在法律出版社出版，我主编的《中国法治增长点——学者和官员畅谈录》在中国社会科学出版社出版，我的著作《法治评估及其中国应用》在人民出版社出版。我们的研究主要围绕法治评估的背景源流、思想基础、功能预期、类型划分、方法机制、评估主体、指标设计等基本问题，着力于法治评估理论的初步构架。

其他法治评估报告和著作论文陆续发表。法治评估报告如中国社会科学院《法治蓝皮书》的法治评估报告、中国人民大学《中国法治评估报告》、中国政法大学的《中国法治政府评估报告》、国家"2011计划"司法文明协同创新重大项目《中国司法文明指数报告》、南京师范大学中国法治现代化研究院多项法治评估报告；著作如徐汉明、林必恒、郭川阳撰著的《法治中国建设指标体系和考核标准研究》（法律出版社2020年版）；论文如侯学宾和姚建宗《中国法治指数设计的思想维度》（《法律科学》2013年第5期）、蒋立山《中国法治指数设计的理论问题》（《法学家》2014年第1期）、孟涛《论法治评估的三种类型》（《法学家》2015年第3期）等。

一批重大和重点课题项目得到立项。如我主持的教育部重大攻关课

---

① 有两篇在《中国司法》发表，最后一年的报告没来得及在杂志上发表。

题"中国法治政府建设指标体系研究"、国家社科基金重点课题"司法透明指数研究"、中国法学会重点课题"法治评估方法和指标研究"，还有其他学者领衔的国家社科基金重大项目"法治评估及其在中国的应用""司法公信力的法理要素与指标体系研究"等。

法治评估研究机构陆续建立。为了进一步推动法治评估研究，我发起建立中国法治研究院。建立中国法治研究院的想法，我是从全国人大常委会副委员长、民建中央主席成思危教授支持创办中国风险投资研究院得到启发的。当时，我刚从北京大学做完博士后调中国社会科学院不久。成先生推荐我担任中国风险投资有限公司监事长、投资决策委员会委员。中国风险投资研究院是成思危先生倡议，中国风险投资有限公司与香港理工大学合作创办的。当时的香港理工大学校长是潘宗光教授，潘校长非常支持成先生的倡议。成先生推荐我担任中国风险投资研究院董事。在参与创办中国风险投资研究院过程中，我就考虑创办中国法治研究院。成先生非常支持我建立中国法治研究院。我请成先生担任名誉院长或顾问，他说中央有规定，不便担任。

2008年，我正在斯坦福大学访学。访学期间，我完成了中国法治研究院的组建工作。中国法治研究院也成为之后余杭法治指数评估的第三方。除了作为第三方测评余杭法治指数，中国法治研究院组织了中国法治评估高端论坛、中国法治国际会议以及一系列研讨会，开展法治项目研究，支持出版著作，与国内外大学科研机构建立合作关系。其他大学科研部门也建立了相继法治评估的专门机构，如中国社会科学院国家法治指数研究中心、中国人民大学法治评估研究中心、中国政法大学法治科学计量与评估中心、中南财经大学中国法治评估研究中心、华南理工大学法治评价和研究中心、江苏大学廉政法治研究与评估中心等。

2016年11月17日，中国法学会法治评估研究方阵成立大会在北京京仪大酒店举行。我围绕"法治评估指标与方式研究"作了专题演讲。中国法学会法理学研究会为牵头单位，中国社会科学院法学研究所、西南政法大学、中国人民大学法学院、浙江大学法学院、山东大学法学院、山东大学（威海）法学院、南京师范大学法学院、中南财经政法大学法学院等八家单位为首届理事单位。我作为第一届法治评估研究方阵专家委员领衔主持第一个方阵重点课题《法治评估方法和指标比较研究》(中国法学会年度重点委托课题)。

学术界出版了大量的论著研究法治评估问题,既有偏重于实证研究的报告分析,也有偏重于理论分析的学理性探索,更有理论和实证并重的高质量文献。尽管人们的观点还存在某种差异,但对法治评估的高度肯定是毋庸置疑的。

(二) 法治评估促使法学研究方法的重大变革

法治评估既是法学研究方法发生变革的产物,也是推动中国法学研究变革的重要因素。

余杭法治指数的出现意味着中国法治研究从"非量化法治阶段"进入"量化法治阶段"。余杭法治指数的出现可以视为"非量化法治阶段"和"量化法治阶段"的分水岭。有学者把中国法治研究分为"正名阶段""定义阶段"和"量化阶段"三个阶段,[①] 我认为是合适的。余杭法治指数是中国法学研究进入数据思维和量化阶段的鲜明标志。量化法治方法为中国法治研究提供了各种可能。大数据法治作为量化法治的高级阶段,更为中国法治开辟了广阔空间。

2013年,我在《光明日报》发表《法治指数:法治中国的探索和见证》一文,提出法治评估"开启了中国法治研究的一种新模式"[②]。我认为,一方面,余杭法治指数是以"量化"为特点的法治研究,是传统法学研究方法产生变革的标志;另一方面,以"实践"为指向的法治研究正成为一大批学者的法治研究取向。传统法学更多地停留于法治的理念、观念、精神、原则等维度,侧重于对法律价值的关怀,不可避免地忽视了对法治问题的实证思考。当前中国的法治建设主题,是让法治成为一种常规治理方式,把法治理念、精神以及法律制度与城市、农村、社区、群体等场景因素相结合,进行场景化的法治实践,这必将带来法学研究

[①] 参见张志铭、于浩:《共和国法治认识的逻辑展开》,《法学研究》2013年第3期。

[②] 参见钱弘道《法治指数:法治中国的探索和见证》,《光明日报》2013年4月9日。

方法的变革。现阶段，国际上社会科学研究方法的进步突出表现在学科的交叉研究和实证研究上，实证主义方法论日益受到关注，科学化和准确化的定量分析得到广泛运用。法治量化的兴起主要就源自于社会科学中量化研究方法对法学研究的渗透，这种渗透使社会科学的量化技术与方法适用于研究法律规范被遵循的程度以及它对社会、政治的影响。而基于法治量化研究的法治指数理论成了法学研究方法变革的一种产物。①

2017年，我在《中国法律评论》发表约稿《中国法治评估的兴起和未来走向》，对包括中国法治评估进行了总结。我认为，长期以来，中国法学研究方法单一，存在各种弊端。诸多弊端至今大量存在，是中国法学研究的重大障碍。一方面，法治实践必然要求变革研究方法，纸上谈兵越来越不适应法治实践的需求。另一方面，经济学"侵入"法学，经济分析法学或法律经济学兴起的结果是对中国法学研究方法的变革产生了重要影响。我之所以启动余杭法治指数实验，与我在北京大学经济学院做博士后的金融研究有关，与我对法律经济学的研究相关。在中国法学研究方法变革的过程中，法治评估扮演了重要角色。当然，社会学、计算科学等其他学科都不同程度影响和助推了中国法学研究方法的变革。

互联网时代，新技术毫不留情地颠覆了人们的认知。"以人工智能、量子信息、移动通信、物联网、区块链、大数据为代表的新一代信息技术加速突破应用……科学技术从来没有像今天这样深刻影响着国家前途命运，从来没有像今天这样深刻影响着人民生活福祉。"② 整个法治系统工程——立法、执法、司法、守法的方方面面都正在发生深刻的变化。在2016年中国法治现代化智库论坛上，我提出："数字经济是经济发展的方向，大数据法治是法治创新的方向。"③ 2017年，我在《法制日报》发表《大数据法治：法治的一种新形态》，提出："大数据法治实质上是量化法治的一个跃升阶段，是法治的一种新形态，是一种智慧型法治、精准型法治、效率型法治。"④

---

① 参见钱弘道《法治指数：法治中国的探索和见证》，《光明日报》2013年4月9日。
② 习近平总书记在2018年两院院士大会上的讲话。
③ 颜云霞：《利用大数据推动法治发展》，《新华日报》2016年10月24日。
④ 钱弘道、康兰平：《大数据法治的一种新形态》，《法制日报》2017年5月31日。

2018年，我在《人民日报》发表《点亮中国法学的实践精神》。我提出三个问题：法学研究要产出何种知识？法学研究如何生产知识？法学研究要追求什么样的效果？① 传统法学研究方法已经无法满足智慧政府、智慧法院、智慧检察、智慧法务的运作机理以及大数据法治理论的建构等问题。不同于传统规范方法的实践、实证、实验方法正在革新中国法学。这种研究方法是从实践当中孕育产生的，与中国改革发展有着深切的内在关系。实践方法具有重要的哲学意义，作为自身向善的方法对法治实践具有某种牵引功能。实证方法在法治评估的研究则体现为量化方法，对我们正确而合理地判断法治发展状态具有重要意义。而实验方法则是反复试错的方法论，颇得中国改革实践之大义。

（三）法治评估催生了中国法治实践学派

我之所以提出"中国法治实践学派"，正是基于法治指数、司法透明指数、电子政府发展指数的实验性研究。

2012年12月16日，我在中国社会科学论坛上发表演讲，题目是《中国法治实践学派正在形成》。2013年2月7日，《中国法治实践学派正在形成》在《中国社会科学报》发表，这是我最早公开发表的有关中国法治实践学派的文章。

我郑重提出：中国法治实践学派正在形成。我认为，转型期中国已经并将继续展现一系列的法治实践创新活动，一大批法学家的研究将充分展示实践精神、实证精神、现实主义精神，法治指数的实验是其中的一个例证；这种实践的、实证的、实效的、现实的研究方法和路线昭示着转型期中国有可能形成一个崭新的学派。我认为，十多年来，法学界实际上出现了至少三种研究模式。第一种是"经院式"，这类学者的兴趣是静态地诠释法治，他们或许具有精致的哲理思维，但书卷气比较浓厚，与现实隔着距离。第二种是"批判式"，这类学者中的一些人认为，知识分子的使命就是"批判"，他们有时也被称为"自由派"。第三种是"实

---

① 钱弘道《点亮中国法学的实践精神》，《人民日报》2018年4月16日。此文被作为申论范文。参见中公教育申论"跟着大咖学写作"，申论范文：点亮中国法学的实践精神。

践式",他们积极参与中国法治建设的实践,与政府、社会各阶层联手共建法治国家、法治政府、法治社会。我们可以用一个新名词来概括第三类研究模式,即"中国法治实践学派"。我提出中国法治实践学派是偶然的,但中国法治实践学派的产生是必然的。我给中国法治实践学派给出的定义是:中国法治实践学派是以中国法治为研究对象,以探索中国法治发展道路为目标,以创新中国法治规范体系和理论体系为具体任务,以实践、实证、实验为研究方法,注重实际、实效,具有中国特色、中国风格、中国气派的学术流派。[①]

《浙江大学学报》(人文社会科学版)不定期推出"中国法治实践学派专栏",旨在推动法学界同人围绕中国法治实践学派展开讨论,并团结志同道合的法学家共同构建中国法治实践学派理论。

中国法治实践学派的基石范畴是"实践"。我在2015年《浙江大学学报》(人文社会科学版)第6期发表《中国法治实践学派的实践观》。中国法治实践学派有一个鲜明的特色,就是在其概念中赫然植入"实践"这个词汇。实践是中国法治实践学派全部理论的出发点。中国法治实践学派致力于探索研究中国法治实践中的难题。中国法治实践学派的哲学基础是实践哲学。中国法治实践学派提出的初衷就是倡导以"实践"为导向的若干法治研究的基本精神,完善法治中国理论,引导和支撑法治中国的伟大实践。

我在2019年第5期《浙江大学学报》(人文社会科学版)"中国法治实践学派及其理论"专栏发表《中国法治实践学派的基石范畴》,提出理解中国法治实践的三条:实践观,系统观,实效观。首先,实践观是构建中国法治实践学派理论体系的理论基石。实践观要求我们把法治理解为一种治理方式,要求我们一切从实践出发,坚持从中国的基本国情出发、从人民的根本利益出发。其次,系统观是实践观的必然逻辑。法治虽然体现在实践中的每个具体细节,但这些细节不是孤立的,而是紧密相连、环环相扣,形成一个巨大的系统。在这个意义上,我们把法治称

---

① 参见钱弘道《中国法治试验田孕育法治评估与实践学派》,《中国社会科学报》2014年5月7日。

为"系统工程"。全面依法治国正是系统观的具体表现。再次,实效观也是实践观的一个必然逻辑。一切法治实践必须以追求实际效果为目标。这"三观"是从中国法治实践学派的基石范畴中推导出来的。从实践观、系统观、实效观这"三观"出发,借助互联网、大数据、人工智能等前沿学科知识,可以构架一个新的法治理论阐释系统,这个阐释系统完全立足于法治的中国实践。我认为,"实践观+系统观+实效观"可以作为构架中国法治实践学派理论范式的基本结构。"实践+实证+实验"可以构成中国法治实践学派的方法论以及方法论创新的路线图。[1] 一大批法学家支持中国法治实践学派。

全国政协原副主席罗豪才教授说:"我很赞成基于本地的实践来研究一些问题,形成经验。如果能形成学派,很有意义。如果把浙江的经验系统化,理论生命力就更强,因为它不是靠纯粹推论出来的。靠纯粹抽象的推论往往没有生命力,而基于实践经验、总结提炼出来的理论具有生命力。"[2]

北京大学教授、山东大学文科一级教授武树臣说:"法治实践呼唤法治实践学派,中国法治实践学派的形成是历史的必然。"[3]

中国社会科学院研究员邱本说:"中国法治实践学派是立足余杭法治指数、司法透明指数和电子政府发展指数等实证研究的基础上提出来的,这是一个重大学术观点和理论命题。"[4]

中国社会科学院荣誉学部委员李步云研究员长期支持法治指数实验和中国法治实践学派,提出中国法治实践学派的哲学基础是马克思主义的基本观点。他说:"我之所以赞同法治实践学派,并将自己看成是属于这一学派的成员,同我一生的治学理念密不可分。我的'治学八字经'是:求实,创新,严谨,宽容。如果我在学术上还有过一点点贡献,很

---

[1] 钱弘道:《中国法治评估的兴起和未来走向》,《中国法律评论》2017年第4期。
[2] 钱弘道:《中国法治实践学派的兴起和使命》,《浙江大学学报》(人文社会科学版)2013年第5期。
[3] 武树臣:《法治实践呼唤法治实践学派》,《中国社会科学报》2013年7月24日。
[4] 邱本:《为中国法治建设提供有效的方法、路径和技术》,《中国社会科学报》2013年7月24日。

大程度上要归功于这八个字,要归功于马克思主义的唯物论和辩证法。""我希望有更多法学专家能够加入到'法治实践学派'中来。"①"倡导法治实践学派的哲学基础是毛泽东同志的《实践论》、邓小平同志倡导的'实事求是'和坚定支持的实践是检验真理唯一标准的科学命题。它的现实意义是为了反对和克服我国长期存在的法学教条主义。"②

中国法学会副会长张文显教授在2016年4月23日中国法治实践学派研究基地(江苏)揭牌仪式上的演讲中说:"中国法治实践学派是一个以中国法治为问题导向的学派,是一个法治领域强调实践的学派。有很多领域都不同程度地强调了实践。法学领域,应当说强调实践还远远不够。我们过去更多的是研究规则主义或者以规则主义为中心的研究。这些年,特别是党的十八届四中全会提出了建设中国特色社会主义法治体系以后,我们才从法律转向了法治,从规则转向了更广泛的实践。中国法治实践学派可以说是这种转向的学术概括和提炼,非常及时。它更重要的意义是从学派角度提出一种方向,树立一面旗帜,倡导一种精神,这样就更能凝聚力量,为全面推进依法治国的伟大实践提供理论支撑。"③

张文显还提出一个学派必须达到的三个根本性的标准:第一个标准,这个学派一定要有自己的理论范式和理论模型;第二个标准,就是它必须有自己的基石范畴,或者说有它的理论底座;第三个标准,一定要有革命性的方法论变革。这篇演讲后来在《光明日报》发表。2019年4月21日,张文显教授在中国法治实践学派论坛(杭州)上说:"几年过去了,中国法治实践学派在这三个方面都取得显著的突破。中国法治实践学派以其顽强的生命力,证明了它不是昙花一现,而是欣欣向荣,根深叶茂。"④

---

① 李步云:《法治实践学派的哲学基础是马克思主义》,《中国社会科学报》2013年7月24日。
② 李步云:《迈向法治新时代——我的治学理念和实践》序言,人民出版社2017年版。
③ 张文显:《中国法治实践学派:一个成长中的学派》,《光明日报》2016年10月24日。
④ 张文显演讲《再谈中国法治实践学派的核心范畴、理论模型和方法论》,未公开发表。

江苏省人大常委会副主任公丕祥教授说："在全面深化改革、全面依法治国的新时代条件下，当代中国法学与法治研究正在呈现出蓬勃的生机和活力，并且正在拓展出新的研究领域。以关注法治实践经验、强化法治实证研究为主要特征的法治实验主义研究路径，显示出崭新的研究气象，广泛而深刻地影响着中国法学与法治研究乃至社会科学领域。一个植根于中国法治实践土壤之中，具有深厚的理论基础和宽广的全球愿景的中国法治学派正在茁壮成长。这是与长期以来中国法学界的不懈努力是分不开的，更是与以钱弘道教授为代表的以实践取向和实证方法为鲜明特质的当代中国法学家群体的卓越贡献是分不开的。"①

我们选择全国选择一些地方和单位设立中国法治实践学派研究或调研基地。到目前为止，中国法治实践学派华东、华南、华北、西北、西南都已建立研究或调研基地。例如，中国法学会党组成员、学术委员会主任张文显教授支持建立中国法治实践学派研究基地（西溪湿地），江苏省人大常委会副主任公丕祥教授支持建立中国法治实践学派研究基地（江苏），西南政法大学校长付子堂教授支持建立中国法治实践学派研究基地（重庆），吉林大学法学院院长蔡立东教授支持建立中国法治实践学派研究基地（吉林），西北政法大学校长杨宗科教授、副校长王健教授、校长助理汪世荣支持建立中国法治实践学派研究基地（陕西），西北大学法学院院长王思锋教授支持建立中国法治实践学派研究基地（陕西），河北经贸大学法学院院长郭广辉教授和武建敏教授支持建立中国法治实践学派研究基地（河北），华南理工大学法学院院长蒋悟真教授支持建立中国法治实践学派研究基地（广东）等。

我们在法律出版社每年编辑出版《中国法治实践学派》，在人民出版社编辑出版"中国法治实践学派书系"。"中国法治实践学派书系"入选2017年人民出版社"十大优秀著作"。我的《中国法治实践学派的基本精神》也忝列其中。关于中国法治实践学派的理论探讨文章也陆续发表。如李步云《法治实践学派的哲学基础是马克思主义》②，张

---

① 公丕祥：《大变革时代的中国法治现代化》前言，人民出版社2017年版。
② 《中国社会科学报》2013年7月24日。

文显《中国法治实践学派——一个成长中的学派》①，钱弘道、王梦宇《以法治实践培育公共理性——兼论中国法治实践学派的现实意义》②，武树臣、武建敏《中国传统法学实践风格的理论诠释——兼及中国法治实践学派的孕育》③，邱本、徐博峰《中国法治发展道路与中国法治实践学派》④，钱弘道、杜维超《论实验主义法治——中国法治实践学派的一种方法论进路》⑤，许传玺《从实践理性到理性实践：比较、比较法与法治实践》⑥，武建敏《中国法治实践派的哲学基础》⑦，康兰平《马克思实践观对法治中国建设的启示——兼及中国法治实践学派的使命》⑧等。

我们每年举办中国法治实践学派论坛或中国法治评估高端论坛。中国法治实践学派"法律英才培养行动计划"和"智慧法务行动计划"均已启动实施。中国法治实践学派设立"中国法学家工作坊""疑难案件研究中心"，联合律师事务所启动"法律服务全覆盖实验"。这一系列的工作都要求学者走进实践，身体力行，而不能隔靴搔痒，纸上谈兵。

中国法治的前途依赖于实践探索和理论研究的合力。法治精神源于每个人的精神。余杭法治指数的经验，就是实践和理论紧密结合的经验，就是发扬社会合力的经验，就是我们大家共铸法治精神的经验。中国法治实践学派是行动派，表现出来的是行动力量，是经世致用精神，是知

---

① 《光明日报》2016年10月24日。
② 《浙江大学学报》（人文社会科学版）2013年第5期"中国法治实践学派及其理论"专栏。
③ 《浙江大学学报》（人文社会科学版）2013年第5期"中国法治实践学派及其理论"专栏。
④ 《浙江大学学报》（人文社会科学版）2013年第5期"中国法治实践学派及其理论"专栏。
⑤ 《浙江大学学报》（人文社会科学版）2015年第6期"中国法治实践派及其理论"专栏。
⑥ 《浙江大学学报》（人文社会科学版）2014年第5期"中国法治实践派及其理论"专栏。
⑦ 《浙江大学学报》（人文社会科学版）2016年第3期"中国法治实践派及其理论"专栏。
⑧ 《社会治理法治前沿年刊》，2017年。

行合一精神,是实践主义精神。中国法治实践学派已经明确了自身的理论基础和实践导向,我们将在理论和实践两个维度上不断进取,为中国法治建设贡献自己的微薄之力。

钱弘道
2020年10月9日于弘道书院

2012 年度余杭法治指数报告

钱弘道*

摘　要　2013 年上半年，余杭法治指数评审组测定并发布了 2012 年余杭法治指数。本报告对各个指标、评分情况及其变化进行了考察，并在分析研究近年来余杭法治水平变化的基础上，力图揭示余杭法治水平的变化趋势和规律，从中归纳出"法治余杭"建设过程中存在的问题，进而为促进区域法治发展提供参考和引导。

关键词　法治评估　法治指数　法治余杭

作为中国内地首个法治指数，余杭法治指数的评估实践已经走入了第六个年头。这一新兴的法治实践模式，至少具有以下意义：第一，通过法治指数的评估，发现余杭地区法治发展中存在的问题，并为全国地方法治建设提供参考和借鉴；第二，拓展民众参与法治实践的渠道，提高政府官员民主法治意识，提升法治文明水平；第三，通过研究余杭个案经验，寻找法治发展规律，创新法治理论，探寻中国法治发展的道路；第四，余杭法治指数及其引发的一系列法治实践，呈现法治理论形成的实践路径，促成中国法治实践学派的形成。[1] 中国法治实践学派是在以法

---

* 浙江大学法学院博士生王梦宇、杜维超、崔鹤、张洁参与撰写，博士生杨得兵参与校稿。

[1] 参见钱弘道《中国法治实践学派正在形成》，《中国社会科学报》2013 年 2 月 7 日第 A07 版；钱弘道《法治指数：法治中国的探索和见证》，《光明日报》2013 年 4 月 9 日第 11 版。

治指数为代表的法治实验和实践的基础上提出来的，并已经产生初步反响。[①] 法治指数的深化研究必将对中国法治实践学派以及具有中国特色、中国风格、中国气派的法治理论的形成发挥重要作用。

一 2012年的基础数据及其分析

基础数据资料是测定法治指数的重要参考和辅助性依据，是建立整个评估模型的"前置程序"。这一部分包括了主客观两方面的基础数据：一是"法治余杭"的背景数据，二是"法治余杭"的自评情况。

（一）2012年"法治余杭"背景数据分析

"法治余杭"的背景数据繁多，综合考虑法治建设最具代表性的因素，课题组对以下四组数据进行了分析。

1. "完善民主政治"的相关数据

从表1显示的数据来看，首先，2012年，余杭区市民向政府所提建议、区人大代表的提案和建议较上年都显著增加，表明市民和区人大代表的民主参与意识显著增强；其次，社会中社团数量和公民参加社团人数同步增加，社团发展空前繁荣，这反映了余杭区民主政治的社会基础日益稳固；最后，2012年，参政议政的民主党派及法律从业者比率明显攀升，人大代表中的"民主党派与共产党员数量比例""法律从业者比例"两项数据同步提高。以上既充分体现了余杭区2012年决策民主化程度的提高，又展示了其民主政治理性化的不断进步。

[①] 李步云：《法治实践学派的哲学基础是马克思主义》，武树臣：《法治实践呼唤法治实践学派》，邱本：《为中国法治建设寻找有效的方法、路径和技术》，《中国社会科学报》2013年7月24日第A08版。参见《浙江大学学报》（人文社会科学版）2013年第5期"中国法治实践学派及其理论研究"栏目。

表1　　　　　　　"完善民主政治"的部分相关数据

考评项目	2007年	2008年	2009年	2010年	2011年	2012年	数据来源
市民向政府提出的建议数（件）	679	719	287	265	254	846	区信息中心
区人大代表提出议案和建议数（件）	331	306	292	250	236	329	区人大
公民参加各类党派和社团的情况	党派和社团146个，140405人次	党派和社团161个，142037人次	党派和社团215个，156349人次	党派和社团218个，158003人次	党派和社团224个，170271人次	党派和社团236个，182280人次	统战部、民政局
共产党、民主党派人大代表人数（人）	203/7	203/7	200/7	195/5	192/5	194/8	人大办
法律从业者担任人大代表的比例（%）	—	—	1.34	1.34	1.34	4.40	人大办

2."政府依法行政"的相关数据

由表2可知，首先，行政复议案件的处理更加妥当，六年中无一起行政复议案件被撤销或变更，引发行政诉讼数在本年度也降为0，行政部门依法行政工作更加规范；其次，2012年行政机关败诉的案件数为0，行政部门工作人员重大违法乱纪人数远低于近年平均水平；最后，信访案件较上年有所减少，结案效果相对改善，老信访户也继续减少。综上所述，政府行政部门的行为日趋法治化、规范化，公民主张权利的行为也日益理性。

表2　　　　　　　"政府依法行政"相关案件的数据

考评项目	2007年	2008年	2009年	2010年	2011年	2012年	数据来源
行政复议案件总数（件）	14	18	14	29	16	28	法制办
行政机关败诉的案件数（件）	2	3	2	4	1	0	法院
行政复议案件撤销、变更率（%）	0	0	0	0	0	0	法院
引发行政诉讼的复议案件数（件）	6	6	9	19	6	0	法院
行政部门工作人员重大违法乱纪人数（人）	16	34	13	17	6	7	监察局
信访案件总数（件）	26031	39002	47413	49364	50061	48587	信访局
信访案件结案率（%）	99.70	99.80	99.13	99.80	99.80	99.80	信访局
引发重复信访的信访案件数占全部案件数的百分比（%）	16.85	9.90	3.43	3.06	2.83	2.79	信访局
老信访户（三年内信访超过3次）（人）	—	—	60	55	50	47	信访局

3. "司法公平正义"的相关数据

由表3可知，首先，法院一审案件数量和上诉率连年增加，显示了余杭的变化符合我国发达地区社会关系日趋复杂和公民维权意识日益增强的趋势；其次，2012年二审改判率和再审案件率同步下降，体现了法院裁判的公正性和专业性正在强化；最后，一审调解结案率小幅增长，占一审案件数量比较大，小额诉讼案件受理数量大幅攀升，体现了法院纠纷解决方式的多元化和司法效率的提高。

表3　　　　　　　　"司法公平正义"的相关案件数据

考评项目	2007年	2008年	2009年	2010年	2011年	2012年	数据来源
一审案件数（件）	6579	8223	10678	10023	10779	11764	法院
上诉案件率（%）	5.60	4.80	4.30	6.10	5.39	6.04	法院
再审案件率（%）	0.08	0.09	0.22	0.04	0.05	0.04	法院
二审改判率（%）	5.40	6.00	8.80	7.50	5.80	5.20	法院
上诉案件中改判、发回重审案件占当年结案数的比例（%）	0.24	0.27	0.24	0.39	0.44	0.21	法院
一审通过调解结案的案件比例（%）	—	—	34.64	55.85	35.51	39.30	法院
小额诉讼案件受理（1万元以下）的数量（件）	—	—	2455	3825	4417	6193	法院

4. "全民素质提升"的相关数据

由表4可见，首先，2012年余杭区信访案件的总数、人次数均比上年明显减少，而政府部门受理的投诉并确立成立的案件总数不断增加，这说明公民对维权途径的选择更为理性；其次，余杭区中小学法制副校长、辅导员的配备率连续六年为100%，公民法律素质的培养条件相对完备；最后，2012年余杭区人均律师、法律服务工作者的拥有率较上一年显著提高，公民法律服务质量逐渐提高。

表4　　　　　　　　"全民素质提升"的部分相关数据

考评项目	2007年	2008年	2009年	2010年	2011年	2012年	数据来源
年信访案件增长率；年信访案件人数增长率（%）	22.00；—	49.70；—	21.50；—	4.10；-7.60	1.06；-2.75	-2.90；-3.50	信访局

续表

考评项目	2007年	2008年	2009年	2010年	2011年	2012年	数据来源
政府各部门受理的投诉并确立成立的案件总数（件）	0	0	1677	消保委：1693	消保委：1800	消保委：2079	法制办
中小学法制副校长、辅导员的配备率（%）	100	100	100	100	100	100	司法局
每十万人律师、法律服务工作者人数（人）	12.88	13.38	13.30	14.70	12.90	19.09	司法局

通过与历年背景数据对比分析，2012年余杭的法治状况继续保持稳中有升的向好趋势，同时仍存在较大的上升空间。

（二）2012年"法治余杭"的自评情况

余杭区在政府机关内部自我测评的基础上，开展了"法治余杭"建设专项工作组的年度考评。为确保评审的中立性，这部分数据在法治指数测评时仅作为评审活动的参考，并不直接作为法治指数计算依据。

综合2008—2012年各项指标的考评分（见表5）可以看出：2012年有关"民主政治""依法行政"和"社会建设"项下的指标分值均为近五年的最高值。有关"监督体制"的指标分值则与前两年相同，均为98分，此得分体现了政府部门对法治建设已取得的成果较为满意。而有关"司法公正权威"的指标为114分，为五年来的最低，这体现了司法机关迫切需要进一步提升透明度、加强自身司法权威。

表5　2008—2012年"法治余杭"考评各项指标实施情况的得分

序号	考评项目	标准分	2008年	2009年	2010年	2011年	2012年
1	推进民主政治建设，提高党的执政能力	110	100	108.80	82	79	105
2	全面推进依法行政，努力建设法治政府	165	140	133.30	129	137	151
3	促进司法公正，维护司法权威	130	120	129.70	130	127	114
4	拓展法律服务，维护社会公平	100	95	96.30	93	96	94
5	深化全民法制教育，增强法治意识，提升法律素养	95	90	94.20	86	88	89
6	依法规范市场秩序，促进经济良性发展	100	85	85	97	96	96
7	依法加强社会建设，推进全面协调发展	100	90	90.90	94	97	98
8	深化"平安余杭"创建，维护社会和谐稳定	100	85	90	100	100	96
9	健全监督体制，提高监督效能	100	90	89.60	98	98	98

注：此表中第二项和第五项指标的标准分，根据评估实践的具体操作和实施情况有些许调整，2008年和2009年这两项的标准分分别为160分和100分，2010年之后调整为165分和95分。

上文所采用的评估数据为自评数据，故主观因素更多一些。下文将从群众满意度调查、内外组评估及专家组评估等方面进行更为客观具体的阐述分析。

二 民意调查

（一）群众满意度问卷调查

该部分的调查主要本着"参评面广、客观中立、简便易行"的基本原则进行，共收到有效调查问卷 2587 份，该部分调查在样本选择中，充分考虑了样本的代表性和差异性，选择了不同年龄、不同身份、不同文化程度的社会各阶层民众来开展调研。

通过对样本评价状况的分类统计，得出 2008—2012 年度群众对"法治余杭"建设的得分情况（见图 1）。

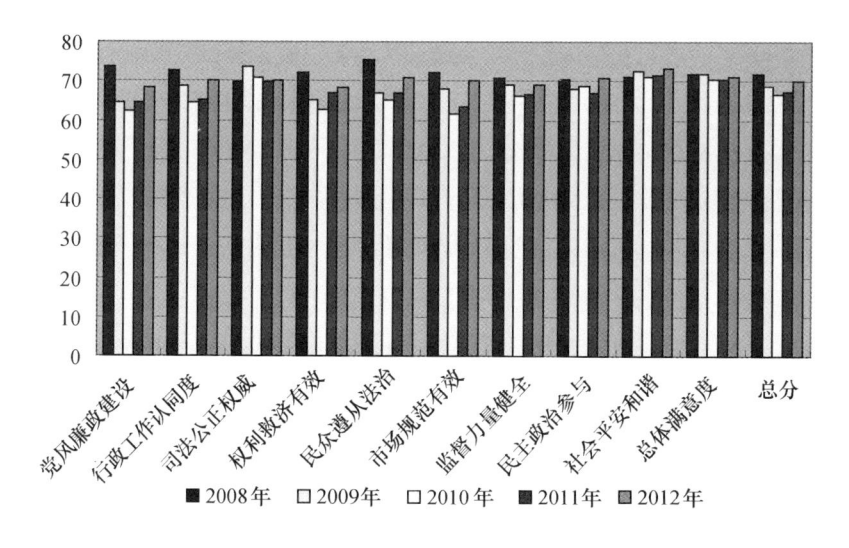

图 1　2008—2012 年问卷调查各项得分情况示意

表 6　　　　　　　　2008—2012 年问卷调查各项得分

年份	党风廉政建设	行政工作认同度	司法公正权威	权利救济有效	民众遵从法治	市场规范有效	监督力量健全	民主政治参与	社会平安和谐	总体满意度	总分
2008	73.77	72.47	69.86	72.08	75.33	72.08	70.70	70.45	71.19	71.99	71.92
2009	64.52	68.52	73.71	65.24	66.83	68.05	69.03	67.85	72.40	71.92	68.79
2010	62.30	64.60	70.70	62.80	65.10	61.70	66.10	68.70	71.20	70.60	66.38
2011	64.30	65.00	69.70	66.80	67.00	63.20	66.40	67.00	71.50	70.60	67.15
2012	68.20	70.20	70.20	68.40	70.80	70.20	69.10	70.70	73.10	71.10	70.20

(二) 调查结果数据分析

2012年群众对"法治余杭"的总体评价维持了稳中有升的态势。从调查数据来看，2012年度群众对"法治余杭"满意度的得分为70.20分，与2011年度相比上升了4.54%，这是自2010年以来，满意度得分连续第二年实现增长。而且，在有统计数据以来，首次出现10个单项指标较上一年全面提升。在各单项指标中，"市场规范有序""行政工作认同度""党风廉政建设"三项指标有了较大幅度的增长，分别提升了11.08%、8.00%和6.07%；"民众尊崇法治""民主政治参与""监督力量健全"三项指标有明显的提高，分别增长了5.67%、5.52%和4.07%；"权利救济有效""社会平安和谐""司法公正权威"三项指标也有小幅增长，分别增加了2.40%、2.24%和0.72%。其中群众对"民主政治参与""司法公正权威"两项指标的评价发生了逆转，一举扭转了去年下滑的态势。

通过对自2008年以来群众满意度的比较分析，我们可以得出如下结论。

首先，自2011年度群众满意度止跌回升后，本年度仍保持了这一可喜的态势。其具体表现为群众对"法治余杭"满意度的增幅明显加大，各单项指标的满意度也全面提升。可得出这样的结论，即余杭政府在这一年中做了大量切实有效的工作，经历信息时代洗礼的人民群众，也能更加理性、客观地对法治建设做出评价。在各项具体指标中，"市场规范有序""行政工作认同度""党风廉政建设"三项指标的满意度上升幅度最大，说明余杭区在这几项具体工作中成效最为显著。

其次，"民主政治参与"的满意度较去年增长了5.52%，获得了突破性进展。这一指标得分在之前长期徘徊不前，2009年和2011年还曾经两度回落。这说明政府的政治民主程度还不能令群众满意，群众参政议政的路径尚不通畅。2012年的突破得益于以下两个方面：一是余杭区的政治体制改革和民主政治建设工作稳步推进，人大代表选举、村委选举等民主实践获得了显著的效果；二是随着网络社交工具的发展，群众参政议政的表达渠道更加宽阔，政府和群众之间的双向沟通更加通畅，使群众对政府的工作更加理解和支持。

再次,"党风廉政建设"的满意度相对其他指标依然偏低。由表6可知,2012年"党风廉政建设"这一指标的得分虽然较2011年有了较大的增长,但其68.20分的分值仍然是所有指标中最低的。这一方面说明党风廉政建设长期受到群众的高度关注,另一方面也反映出,多年以来,由于工作不到位,廉政建设的历史欠账太多,再加上个别党员干部的贪腐行为严重地损害了党和政府的形象,直接导致群众对党风廉政建设工作总体评价偏低的状况。2012年,党风廉政建设开始步入正轨。余杭区党组织应当继续维护好这个来之不易的局面,进一步巩固效果,争取得到群众更多的认同。

最后,整体评价与各单项指标的评价之间的增幅存在矛盾。在最近5年的调查数据中,群众的整体评价波动幅度较小,非常稳定,2012年的群众满意度调查得分仅有0.71%的微量增幅。但是具体到十个单项指标,其得分平均增幅达到了4.54%,而通常认为,单项指标得分与总体得分正相关,两者增幅应当较为接近。导致这一矛盾的可能原因有二:其一,虽然政府在各具体工作领域的成效得到了群众认可,但长期以来群众对政府怀有刻板印象及个人偏见,使其评价总体法治状况时不够理性,仅能凭印象打分;其二,本调查在问题设置上代表性不足,不能全面反映群众对法治状况细节的评价,群众对问卷未提及的方面仍有不满。课题组需要通过进一步调研分析,确定问题来源,改进调研方式。

三 内外评审组的评审结果及其分析

(一) 内部评审组的评审结果及其分析

1. 内部组评审人员构成与指标权重确定

内部组大样本是由从余杭区的党委、人大、政府以及司法机构、律师事务所中随机抽取的直接参与法律工作人员组成的。课题组最终随机抽取了其中20名人员的问卷进行统计。

表7　　　　2008—2012年内部组对九项权重平均赋分情况

指标 年份	民主执政优化	建设法治政府	司法公正权威	法律服务完善	市场规范有序	民众尊崇法治	全面协调发展	社会平安和谐	监督力量健全
2008	9.56	9.72	9.11	7.89	8.28	8.22	8.39	9.11	9.11
2009	9.39	9.22	8.78	8.06	8.28	7.94	7.61	8.00	8.44
2010	9.25	9.22	8.58	7.90	7.72	7.24	7.47	8.17	7.99
2011	9.00	9.14	8.92	8.14	7.72	7.78	7.74	8.28	8.53
2012	8.44	9.22	8.92	8.28	7.94	7.56	7.31	7.27	7.94

在九项指标的权重安排上，内部组成员按其重要性进行了选择。由表7可知，从2008—2012年，权重最小的指标每年都在发生变化，但是，权重最大的三项指标一直没有变化，分别为"建设法治政府""司法公正权威"和"民主执政优化"。这意味着内部组成员对这三项指标在法治建设中的重要性有着一贯的认识，这是符合现代法治理念的。在权重最大的三项指标中，内部组始终对"建设法治政府"这项指标有所偏好，其权重在5年中有3年（2008年、2011年和2012年）排在第一位。相比之下，"民主执政优化"这项指标的权重在逐渐下降。由此表明，内部组在长期的法治实践中，日益重视法治建设的具体化、制度化和实践化。

2. 内部组对各指标实施情况的评分及分析

对于2012年内部评审组给以下九项指标打出的评估分数（见表8）可从两个角度展开分析：第一，对九项指标的平均得分进行横向比较，了解它们在2012年的发展状况；第二，对内部组给出的总分进行分析，阐明其隐含之意。

表8　　　　2008—2011年内部组对九项指标实施情况的评分情况

年份\指标	民主执政优化	建设法治政府	司法公正权威	法律服务完善	市场规范有序	民众尊崇法治	全面协调发展	社会平安和谐	监督力量健全
2008	75.83	73.33	76.06	73.94	71.00	76.06	74.72	74.83	67.22
2009	81.61	80.22	80.78	79.22	77.11	77.72	78.56	83.22	78.11
2010	82.83	78.44	81.33	81.62	78.00	77.00	78.40	81.61	76.89
2011	76.00	78.61	79.67	74.56	74.67	74.67	76.17	79.33	77.94
2012	74.56	76.72	74.06	76.78	77.72	75.50	75.67	79.94	73.11

2012年内部组对"社会平安和谐"这项指标的评分最高，为79.94分，而"市场规范有序""法律服务完善""建设法治政府"的得分紧随其后，分别为77.72分、76.78分和76.72分。内部组的评分结果与群众满意度调查的情况大体吻合。这显示了内部组对社会稳定持有的乐观态度，以及对市场秩序规范、法律服务水平提升和法治政府建设的信心。由图2可知，在总体评价上，余杭区的法治建设虽出现了一定的波动，从2008—2010年，"余杭法治建设"指标总得分逐年提高，但这个趋势在2011年出现了逆转：自2011年开始，"余杭法治建设"指标总得分不断下滑。这体现出内部组在早期对余杭法治建设持有积极和热情的态度，但在近几年的工作实践中，由于问题的暴露、方法改进进入瓶颈期，自我评价更加冷静和理性。这也体现了法治指数的警醒和鞭策作用。

不过值得注意的是，这个发展趋势与民众满意度的评分走势恰好相反：内部组评分升高时，民众满意度反而降低；内部组评分降低时，民众满意度反而升高。这一方面反映了由于观察角度和掌握材料的差异，政府内部自我评价与民众评价存在错位；另一方面也反映了政府必须保持谦虚谨慎的工作作风，才能更好地为民众服务。

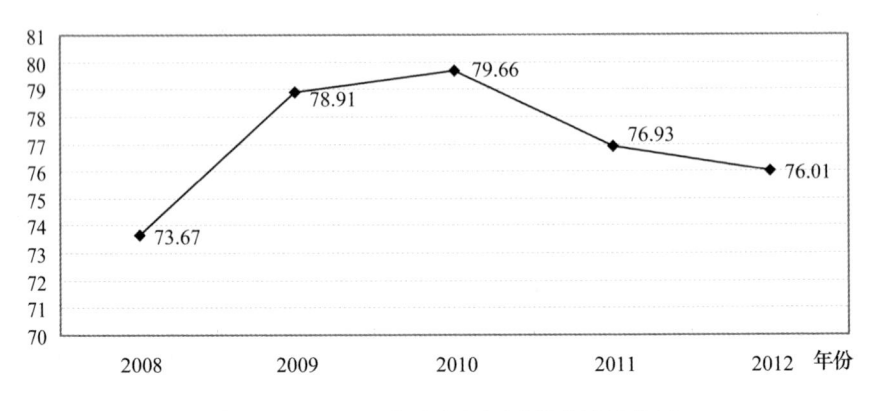

图 2　2008—2012 年内部组评分总体统计情况

（二）外部评审组的评审结果及其分析

1. 外部评审组评审人员的构成与指标权重的确定

外部组由不直接参与余杭区政法机关工作，但较为了解余杭法律事务的群体代表组成。人员构成的职业分布、社会地位较为多元，能更加立体地反映余杭法治的真实进程。

从指标权重上看，2008 年到 2012 年，外部组始终给予"民主执政优化""建设法治政府"和"司法公正权威"三项指标以较高权重（见表 9），这说明外部组对这三个法治元素在法治建设中的核心作用有较为清醒的认识。

表 9　　2008—2012 年外部组对九项权重平均赋分情况

指标 年份	民主 执政 优化	建设 法治 政府	司法 公正 权威	法律 服务 完善	市场 规范 有序	民众 尊崇 法治	全面 协调 发展	社会 平安 和谐	监督 力量 健全
2008	9.17	9.39	9.44	8.06	8.22	7.94	7.44	7.50	9.11
2009	9.00	9.17	8.89	7.89	7.61	7.56	7.78	8.06	8.72
2010	9.28	9.27	9.16	8.01	8.19	8.40	8.18	8.36	8.80
2011	8.64	9.08	8.75	7.62	7.63	7.46	7.98	7.72	8.31
2012	8.91	8.38	8.75	7.94	8.03	7.89	8.14	8.06	8.17

"民众尊崇法治"的权重一直偏低,在2009年、2011年和2012年甚至排到最后。这既不符合人们的直观,似乎也有悖法律应该被信仰的法治思想,但是恰好契合一位评审专家的观点:民众的法律素质固然重要,却不是法治社会的必要条件。法治社会的主要规范对象应当是公权力,应更加重视对公权的约束和制衡,而对公民在法律程序外的社会生活,则应遵循自发自为的社会逻辑。

2. 外部组评审指标实施情况的分析

对外部组的评分结果主要从两方面分析:其一,对比分析2008—2012年9个单项指标的实施情况;其二,总结外部组总的评分情况(见表10)。

表10　　2008—2012年外部组对九项指标实施情况的评分情况

指标 年份	民主执政优化	建设法治政府	司法公正权威	法律服务完善	市场规范有序	民众尊崇法治	全面协调发展	社会平安和谐	监督力量健全
2008	70.10	67.45	69.50	69.90	68.70	71.70	71.00	72.55	63.55
2009	74.94	75.20	75.65	76.70	71.15	75.65	75.25	78.25	71.70
2010	81.32	77.49	80.53	77.26	77.09	77.01	78.37	79.34	75.84
2011	75.14	72.50	73.94	70.83	71.11	72.78	74.44	78.33	72.69
2012	74.50	74.89	75.17	73.67	75.33	70.94	73.50	76.22	72.72

2011年九个单项得分相比2010年全面下滑。2012年这种趋势得到遏制,总体上有升有降。"建设法治政府""司法公正权威""法律服务完善""市场规范有序""监督力量健全"等指标有不同程度上升。"民主执政优化""民众尊崇法治""全面协调发展""社会平安和谐"等指标仍继续下滑,但幅度已明显减小。其中"社会平安和谐"得分虽连续下滑,但仍是九项指标中最高分,表明余杭区社会状况一直较为稳定和谐,获得了较高评价,但仍须巩固。而"民众尊崇法治"得分不仅继续下滑,且得分最低,应在下一步工作中加以重视。

总体来看,如图3所示,五年来外部组对余杭法治建设所取得的成绩基本是肯定的,从2008年的69.80分上升到2010年的78.29分,增长了12.16%。但2011年评分明显下滑,2012年又在2011年的基础上出现了0.76%的微幅上升。2012年是实施余杭法治指数测评的第六年,无论是课题组对指标的设计、调查的展开,还是群众、内外组成员的认知程度、评价方法等都日臻成熟,因此数据波动渐趋缓和,并呈现缓慢上升的态势。

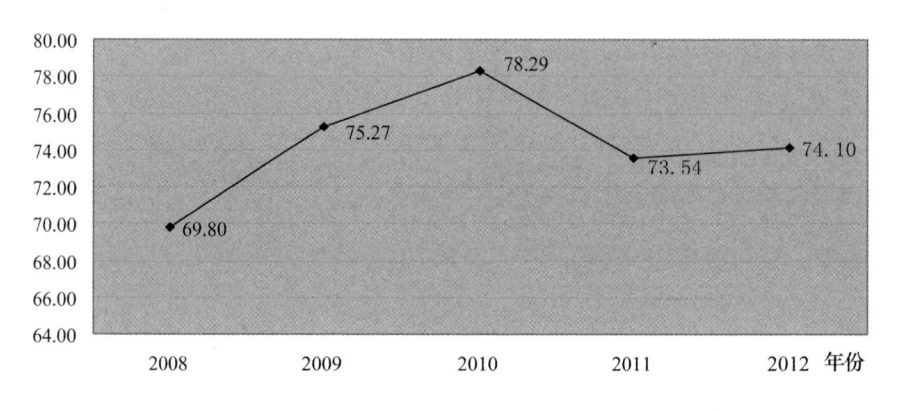

图3 2008—2012年外部组评分总体统计情况

(三) 内外组评估结果的对比分析

内外组评审由于其主体身份的差异,评估结果也有一定差异。

从打分情况看,内部组的各项打分和总体评价普遍高于外部组,这是因为内部组是法治建设工作的主要参与者,又是本评估的对象,难免受主观情绪影响。

从总体趋势上看,本年度内部组打分总体呈现继续下降的趋势,而外部组则止跌回升,出现了小幅增长。这表明外部组对余杭法治建设的评价更乐观,也反映了内部组对工作的清醒认识。

从两个组的权重情况看,虽然两组对"民主执政优化""建设法治政府""司法公正权威"都给予了较高的权重,但内部组更注重建设法治政府,外部组更注重民主执政的优化。其原因是,内部组长期在一线工作,更重视实践中的可行性,而外部组则从批判的角度更注重从根本上解决问题。

从对指标实施情况的打分看,两组都给予"社会平安和谐"最高分,但内部组对"监督力量健全"打分最低,外部组则给"民众尊崇法治"最低分。因为内部组长期处于工作一线,能深刻地认识到权力缺乏监督的弊端。

四 专家组的评审情况

法治建设状况的评估,需要大量来自工作现场的一手资料,这就要求相关直接参与人需具有丰富的经验、深厚的理论功底和精准的专业意见。为此,课题组向"法治指数专家评审组"成员——19位在国内外有较高知名度的法学家[①]呈送或寄送材料。

2012年专家组的总得分为76.08分,相较之前五年还是稳中有升的。对各项指标而言,由表11可知,"建设法治政府""民众尊崇法治""市场规范有序""社会平安和谐""监督力量健全"五项指标的得分相比2011年有所增加。其中,"市场规范有序"的增幅最大,为3.11%。同时,专家也指出了余杭法治建设的不足。与2011年相比,"民主执政优化""司法公正权威""法律服务完善""全面协调发展"四个单项指标得分都有不同程度的下降。

表11 2007—2012年专家组对九项指标实施情况的评分情况

年份\指标	民主执政优化	建设法治政府	司法公正权威	法律服务完善	民众尊崇法治	市场规范有序	全面协调发展	社会平安和谐	监督力量健全
2007	71.82	71.73	72.09	71.55	71.27	73.64	70.64	72.64	69.09
2008	72.77	72.46	70.85	71.46	73.23	71.92	72.08	71.08	70.15
2009	70.00	72.13	69.00	69.88	71.13	67.13	69.00	70.25	69.63
2010	74.38	71.25	70.63	72.00	71.50	71.13	71.75	74.63	70.75
2011	76.22	75.56	76.11	77.67	76.56	74.00	75.56	76.00	74.00
2012	75.89	76.78	75.00	76.22	77.00	77.11	74.78	77.78	74.22

---

① 专家组人员包括(排名不分先后):江平、刘作翔、胡建淼、林来梵、吕庆喆、邱本、孙笑侠、张志铭、武树臣、胡虎林、郑成良等。

专家们在评审意见中也给出了较为详细而深刻的论证：有专家指出，2012年"法治余杭"建设工作突出，如推进反腐倡廉建设，挽回直接经济损失613.63万元，但同时强调，目前党内腐败现象仍然存在，群众对党风廉政建设的满意度还有待提高。因此，党委、政府等仍应加大公开范围和加大审查力度，对群众反映的意见和举报的情况，相关部门应悉心采纳并严格核实。还有专家指出，律师每万人拥有数仍低于全省平均水平，应进一步加强法律队伍建设。也有专家着重关注了市场秩序，认为其有待进一步规范，避免食品安全、环境问题的产生。总之，法治建设是一项复杂的系统工程，是一个不断实践、不断探索、不断完善的过程，对照依法治国方略和法治社会的目标要求及广大群众期望，专家们指出了余杭的进步和存在的差距。

五 余杭法治指数的计算

2012年度余杭法治指数在历经近半年的群众满意度调查、内外组评分和专家组评审后，最终借助科学设计的统计模型，得出2012年度的余杭法治指数为73.66分。具体计算过程如图4所示。

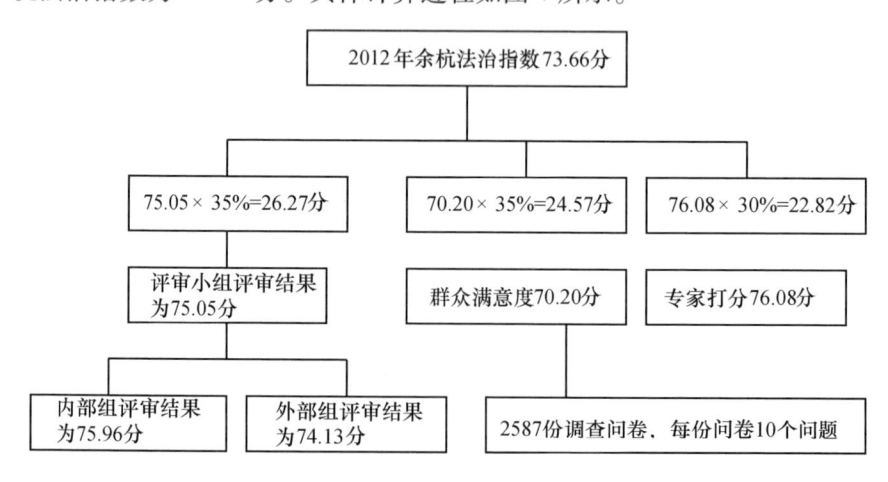

```
                    2012年余杭法治指数73.66分
                              │
        ┌─────────────────────┼─────────────────────┐
  75.05×35%=26.27分      70.20×35%=24.57分    76.08×30%=22.82分
        │                     │                     │
   评审小组评审结果         群众满意度70.20        专家打分76.08分
      为75.05分                │
        │                     │
  ┌─────┴─────┐          2587份调查问卷，每份问卷10个问题
内部组评审结果  外部组评审结果
  为75.96分    为74.13分
```

图4 余杭法治指数计算模型

自2007—2011年，余杭法治指数的分值分别为：71.6分、71.84分、72.12分、72.48分、72.56分。从得分看，余杭法治状况总体呈稳步上

升态势。

六 余杭法治指数反映的问题及其建议

2006年,"余杭法治指数"评估项目正式启动。经过六年的实践,当地民众对法治指数的了解日渐广泛与深入,对当地法治状况的认知与评判越发客观理性。内外部评审组所代表的地方政法从业人员和知识分子,以主要参与者的身份推动和监督着余杭的法治进程。法学专家也始终关注和指导着余杭法治建设的现实状况和发展趋势。

在各方力量的推动下,余杭近年来通过持续工作,取得了一些成效,总体保持了有序、安全的治安环境,创造了较为和谐稳定的社会环境。取得成绩的同时也应看到不足。下文就"法治余杭"建设中存在的问题,提出完善和加强的建议。

(一) 加强廉政建设,提升党的民主执政能力

"民主执政优化"在九个单项指标中的总得分历年来都不甚理想,处于较低的位置。2012年度,该项指标的总得分比2011年增长了0.87分,增幅为1.20%。出现微幅增长的原因,是当中群众满意度部分比2011年有了明显提高(见表12)。

表12　　　2008—2012年余杭"民主执政优化"指数得分

组别	2008年	2009年	2010年	2011年	2012年	权重
党员干部廉洁从政民意调查	73.77	64.52	62.30	64.30	68.20	35%
民主政治参与民意调查	72.40	71.20	71.50	67.00	70.70	
内部组	75.83	81.61	82.83	76.00	74.56	35%
外部组	70.10	74.94	81.32	75.14	74.50	
专家组	72.77	70.00	74.38	76.22	75.89	30%
总分	72.95	72.15	74.46	72.29	73.16	

综合来看,2012年度余杭区党组织对党风廉政建设、提高党的执政能力这两方面的重视程度有所加强。例如,制定出台了《中国共产党杭州市余杭区委员会工作规则》,规范了区委议事决策机制;同时,扎实推进反腐倡廉建设,加强纪检监察机关的办案力度,取得了较好的成绩。尽管如此,党的民主执政与廉洁从政建设,依然是需要继续加强的部分,具体可从以下几方面入手。第一,人才选拔应透明、公正,不能任人唯亲,要有健全的人才选拔机制和激励机制,可尝试建立人才选拔责任追究机制。第二,将区委议事决策机制落到实处,只有更多地贴近民众,集思广益,制定的政策才会切合实际需求,利于开展落实,尤其是对涉及民生和其他重大事项的决策,要切实做好听证工作①。第三,提高基层居(村)委会选举的透明度与公信力,严肃程序,严格审核;提高候选人的素质,防止贿选、拉票情况,真正选出老百姓信任的代表。

(二)健全监督机制,提升监督效能

建设法治社会,其题中之义是对公权的监督和制约,而一个富有效能的监督机制是法治社会的制度保障。完善的监督机制包含了党内监督、人大及政协监督、政府内部监督、司法监督、媒体监督及公众监督等。"监督力量健全"也是历年评估中相对较弱的一项。虽然2011年该项得分有所改观,但2012年又出现一定程度的下滑:从2011年的72.85分下降到了2012年的71.97分,降幅为1.21%。其直接原因,一方面是民意调查的评价止步不前,另一方面是内部组的打分有了相当幅度的下降。由表13可知,2011年,内部组的打分为77.94分,到了2012年却只有73.11分,降幅达6.20%。内部组评分的下滑,反映了监督力量的不健全,也表明余杭区政法系统内部对自身工作的反思。

---

① 在调研过程中,有民众反映:"区委、区政府在重大民生工程建设上缺少民主、民本意识,特别是近几年来学校布局规划上很不合理,导致家庭教育成本增加。迁建学校,不征求有关学校师生意见,不搞听证。"

表13　　　　　2008—2012年余杭"监督力量健全"指数得分

组别	2008年	2009年	2010年	2011年	2012年	权重
民意调查	70.70	69.03	66.10	69.40	69.10	35%
内部组	67.22	78.11	76.89	77.94	73.11	35%
外部组	63.55	71.70	75.84	72.69	72.72	
专家组	70.15	69.63	70.75	74.00	74.22	30%
总分	68.79	71.20	71.09	72.85	71.97	

报告第一部分的基础数据显示，2012年，余杭区人大代表建议办结率为100%，区政府上报规范性文件14件，备案、审查率达100%。同时，法院外网开设"院长信箱"。这些都表明相关部门做了不少有针对性的工作。但是，除追求工作的数量指标外，实际工作效能还有待进一步提高。具体而言，应进一步巩固长效机制，加强监督机制的严密性和可操作性。为此，应使监督制度更为具体明晰，政府公开信息制度更加完善，以保障公民监督的渠道畅通。同时应发挥舆论监督的重要作用，使之转化为制约公权的有效力量。

（三）提升全民法治理念，强化各阶层的法律素养

通过纵向比较，发现余杭区"民众尊崇法治"的满意度有明显提升，且民意调查和各评审组在这一点上达成了共识。如表14所示，与2011年相比，2012年该项指标总得分增长了3.27%，这里面涵盖了民意调查打分5.37%的增幅、内部组打分3.92%的增幅、外部组打分3.39%的增幅和专家组打分0.57%的增幅。

表14　　　　　2008—2012年余杭"民众尊崇法治"指数得分

组别	2008年	2009年	2010年	2011年	2012年	权重
民意调查	75.44	66.83	65.10	67.00	70.80	35%
内部组	76.06	77.72	77.00	74.67	77.72	35%
外部组	71.70	75.65	77.01	72.78	75.33	
专家组	73.23	71.13	71.50	76.56	77.00	30%
总分	74.23	71.57	71.19	72.22	74.66	

法治意识，即是权利意识、规则意识。公民是否尊重宪法和法律的权威，是否选择在法律的框架内理性表达自己的权利诉求，是当地法治建设的社会文化保障。参考内外组和专家组意见，余杭区可从以下三个方面继续推进"民众尊崇法治"的建设工作。第一，余杭区法院和公安分局提供的数据显示，在违法犯罪人员中，14—18岁的青少年犯罪人数较多，不满18岁的青少年违法人数持续增长。这说明对青少年的法制教育还需要加强，为此，司法局、教育局等部门要深入探索对青少年开展法制教育的方法，同时采取各种措施减少社会不良环境对青少年的负面影响。第二，余杭区人口来源复杂，存在大量的外来务工人员，人口流动性大。对于这部分人员，不仅要进一步加强服务和教育工作，还应该有针对性地开展普法工作，提高他们的法律意识。第三，要强化对企业的法定代表人、经营管理者的法律知识培训，引导他们将追求商业利润的动力转化为合法的行为。

（四）推进法治政府建设，塑造服务型政府理念

2012年余杭区在"建设法治政府"的得分上有一定提升。表15显示，2012年度群众组（民意调查）、外部组、专家组的打分与2011年相比均有一定程度的上升，分别增长了7.41%、3.19%和1.59%。这说明余杭政府的法治建设工作获得了较好的社会评价。内部组的打分则出现了下滑，降幅为1.89%，表明余杭区政府认识到自身工作的不足，对法治建设提出了更高的要求。

表15　　2008—2012年余杭"建设法治政府"指数得分

组别	2008年	2009年	2010年	2011年	2012年	权重
民意调查	72.47	68.52	64.60	65.00	70.20	35%
内部组	73.33	80.22	78.44	78.61	76.72	35%
外部组	68.28	75.11	77.49	72.50	74.89	
专家组	72.46	72.13	71.25	75.56	76.78	30%
总分	71.88	72.80	71.27	71.86	74.13	

法治政府的构建须遵循行政合法性原则和行政合理性原则，促进区域经济发展、提升公共服务能力、建立服务型政府都是行政合理的重要内容。对此，余杭政府采取了一系列的举措，如健全行政规范性文件的审查制定与备案机制，推行行政败诉双重考核机制，建立法律顾问制度，首推"微审批"服务，深化行政审批制度改革等。

根据相关数据和调研情况，并参考评审人员的意见，课题组认为余杭区政府需要从以下四个方面做工作：

1. 从余杭区监察局的统计数据来看，2012年余杭行政部门工作人员重大违法乱纪案件数较上年增加1件，故对行政管理中存在的问题不能掉以轻心。应建立和强化长效机制，加强对行政人员的宣传教育。

2. 在征地拆迁过程中，坚决杜绝未批先征的违法行为。行政行为要遵守合法性原则，严格行政责任，对损害群众利益的责任人，应当追究相应的责任。同时，进一步着力加强行政管理活动的公开化、透明化。以民主决策、服务民众为导向，对重大事件和群众投诉案件的处理要进行听证，重视群众意见。

3. 在制定规范性文件的过程中，公众参与度不高，公布程序流于形式，普通群众无法及时清楚地了解法律文件的内容。为此，应加强宣传力度，并设定常规有效的文件公开和查询渠道，以便群众及时知悉法律文件的具体内容。

4. 行政系统内人本位、官本位的思想还存在，行政工作人员自我约束不严，服务意识不强。所以，要加强宣传和教育，使依法行政、建立法治政府的理念真正根植于每个行政工作人员的心中。

（五）提高司法透明度，强化执行能力，维护司法公正

2012年余杭区"司法公正权威"的得分较2011年有所下降，降幅为1.24%。对比自评数据和相关材料可发现，一审案件中上诉案件的比率总体呈上升态势，2012年为最高，达到了6.04%（见表3）。结合调研情况看，对"司法公正权威"这项指标产生主要影响的因素，集中在判决执行难和司法公开性、透明性较差两方面。

表16　　　2008—2012年余杭"司法公正权威"指数得分

组别	2008年	2009年	2010年	2011年	2012年	权重
民意调查	69.86	73.71	70.70	69.70	70.20	35%
内部组	76.06	80.78	81.33	79.67	74.06	35%
外部组	69.50	75.65	80.53	73.94	75.17	
专家组	70.85	69.00	70.63	76.11	75.00	30%
总分	71.18	73.87	74.26	74.11	73.19	

因此，余杭今后应有针对性地提高司法活动的公正性、权威性。例如强化司法透明程序，遏制司法腐败；对于一些重大违法案件，应通过媒体向社会公开报道以提高公信力；法院在审理民商事案件的过程中，不仅要重程序，也要重执行，完善判决执行制度，探索有效的执行手段，加强服务意识。在审理程序终结的同时，切实提高实际执行的比率，更有效地维护当事人的合法权益。

七　结语

余杭法治指数的测定对全国其他地方的法治评估和法治实践产生了积极作用。一些地方借鉴余杭经验，开始探索法治指数的测定工作，如云南昆明、湖北襄阳、四川等地。湖北襄阳计划2014年测定9个县市区法治指数，其将成为首个测定若干县市区法治指数并进行横向比较的地区。[①] 这将为不同省份的县市区法治指数的横向比较创造条件。不同地方的法治指数实践将推动法治的深化研究，而这种量化实证研究，代表了法学研究的新方法。

法治指数实验的一个结果是中国法治实践学派概念的提出。"中国法治实践学派"是一个崭新的学术概念。我们是在"中国"这个背景下进

---

① 刘晓丽：《襄阳市将建法治指数考评体系》，《襄阳日报》2013年9月27日。湖北襄阳拟邀请以浙江大学钱弘道为召集人的专家团队实施指数测定工作。

行法治的创新实践，必须有适合中国的法治理论，也一定会相应地形成具有鲜明中国风格的学术流派。在中国的转型期，从事法学理论和实践工作的同志面临的任务就是：紧紧围绕法治中国实践，创新法治理论，推动法学流派形成，寻找中国法治发展道路。

2013年度余杭法治指数报告[*]

钱弘道[**]

摘　要　余杭法治指数的第七次测评仍然采取民调、内外部组评估、专家组评审三者结合的方式。2013年度余杭法治指数为71.85分，为余杭开展法治指数测评以来第一次出现指数下降情况。指数下降与相关的事件有关。这说明，法治指数显示了法治发展动态的"晴雨表"作用。数据表明，余杭法治建设仍处于较为稳健的运行状态，区政府为法治建设做了大量有效的工作；同时，在依法行政、增强群众法治意识、创建平安余杭等方面尚存在一些亟待解决的问题。今后，余杭区应紧紧围绕党的十八届三中、四中全会的两个"决定"不遗余力地推进"法治余杭"建设。要充分发挥党委在法治建设中的领导作用，更加重视培养法治思维和制度创新，以法治方式办事，做到司法公开透明。同时，应不断扩大公民参与范围，增强公民监督力度。中国法治实践学派观念缘起于余杭法治指数实验，余杭的"法治试验田"应当继续发挥在全国的引领作用，为发展符合中国实际、具有中国特色、体现社会发展规律的法治理论和学派做出贡献，并充分验证政府和学界在实践和理论两方面协同创新的重大意义。

关键词　法治评估　法治指数　法治余杭

---

[*] 本文系"'2011计划'司法文明协同创新中心"研究成果，教育部哲学社会科学研究重大课题攻关项目"中国法治政府建设指标体系研究"（13JZD011）、国家社会科学基金重点项目"司法透明指数研究"（13AFX012）、余杭区委区政府委托项目阶段性成果。

[**] 参与本报告撰写的还有浙江大学光华法学院博士生杜维超、崔鹤、杨得兵、张洁。

2014年5月25日，余杭法治课题组完成了余杭法治指数第七次测评。2013年度余杭法治指数测评方式与往年一致，仍然采取民调、内外部组评估、专家组评审的方式。2013年度余杭法治指数最后得分为71.85。虽然，余杭法治指数首次出现下跌，但余杭法治总体上仍然保持稳健发展状态。《中共中央全面推进依法治国若干重大问题的决定》的出台，为余杭法治的发展创造了新的契机。

一 民意调查

（一）民意问卷调查

民意调查共发出1800份问卷，收到有效问卷共1201份。本次调查通过网上民意调查、实地调查和发放调查问卷三种方式进行，在样本的选择上，充分考虑了其覆盖面、代表性与差异性，选取了不同年龄、不同职业与不同文化程度的社会各阶层民众开展调研。

表1为2007—2013年度群众对"法治余杭"建设的得分情况。

表1　　　　　　　　2007—2013年度问卷调查各项得分

年份	党风廉政建设	党务政务公开	司法公正权威	权利救济有效	民众尊崇法治	市场规范有序	监督力量健全	民主政治参与	社会平安和谐	总体满意度	总分
2007	76.40	76.40	78.40	77.80	86.80	71.40	74.60	74.40	76.40	71.99	76.96
2008	73.77	72.47	69.86	72.08	75.33	72.08	70.70	70.45	71.19	71.99	71.92
2009	64.52	68.52	73.71	65.24	66.83	68.05	69.03	67.85	72.40	71.92	68.79
2010	62.30	64.60	70.70	62.80	65.10	61.70	66.10	68.70	71.20	70.60	66.38
2011	64.30	65.00	69.70	66.80	67.00	63.20	66.40	67.00	71.50	70.60	67.15
2012	68.20	70.20	70.20	68.40	70.80	70.20	69.10	70.70	73.10	71.10	70.20
2013	67.72	70.53	71.41	67.82	70.03	70.55	69.74	68.20	73.91	71.76	70.16

（二）调查结果数据分析

2013年度民调指数为70.16分，对余杭法治总体评价稳中有降，降低了0.04%。这是自2010年以来，民调指数首次出现负增长。

在各单项指标中，除第二项不具有可比性外[①]，"司法公正权威""市场规范有序""监督力量健全""社会平安和谐"与"法治总体评价"五项指标有了不同程度的增长。其中"市场规范有序""监督力量健全""社会平安和谐"三项指标连续三年出现增长。同时，"党风廉政建设""权利救济有效""民众尊崇法治""民主政治参与"四项指标均有所下降，其中"党风廉政建设""权利救济有效""民众尊崇法治"三项指标结束了连续两年的增长，呈下滑趋势。

通过对2009年以来民调结果的比较，我们发现至少有三方面问题：

第一，在实现了连续两年的增长之后，2013年度的群众满意度出现了回落的状况。可得推断：余杭区政府在这一年中做了大量的工作，有的工作得到了群众的认可，并取得了初步成效；但有的工作尚未完全获得民众的认同，还需进一步加强。这说明，在信息越来越畅通的时代，随着人民群众关注政府行政行为的渠道越来越多，人民群众会更加理性和客观地对法治建设做出评价。

第二，"民主政治参与"指标，继2012年度略有反弹后，2013年度再度出现较大幅度的回落。这表明在人大代表选举和村委选举等民主政治方面，在获取群众认可方面需进一步加强。这也为将来政府的工作指出了进一步努力的方向：一是要通过法律制度保障选举公开透明，使群众的民主政治权利落到实处；二是要做好宣传和信息公开工作，提高群众的权利意识。

第三，"党风廉政建设"指标结束了连续两年的增长，呈下滑趋势。而且，该指标的满意度得分仅为67.72分，在九项指标中得分依然最低。这说明党风廉政建设问题长期受到群众的高度关注。但多年以来，我国

---

① 2013年调查问卷的第二项由"行政工作认同度"改为"党务政务公开"，因此无法比较。

廉政建设历史欠账太多，再加之少数党员干部的贪腐行为，严重损害了党和政府的形象。为此，要不断完善和严格执行党风廉政建设责任制，保障党风廉政建设和反腐倡廉工作的落实。

二 内外评审组的评审结果及其分析

（一）内部评审组的评审结果及其分析

1. 内部组评审人员构成与指标权重确定

2013 年选取内部组成员是由余杭地区的党委、人大、政府以及司法机构、律师事务所中直接参与法律工作的成员中，随机抽取 20 名人员组成的。打分情况如表 2 所示。

表 2　2007—2013 年内部评审组对九项权重平均赋分情况

年份 项目	民主执政优化	建设法治政府	司法公正权威	法律服务完善	市场规范有序	民众尊崇法治	全面协调发展	社会平安和谐	监督力量健全
2007	9.11	8.83	8.28	7.28	7.67	7.50	7.50	8.17	8.67
2008	9.56	9.72	9.11	7.89	8.28	8.22	8.39	9.11	9.11
2009	9.39	9.22	8.78	8.06	8.28	7.94	7.61	8.00	8.44
2010	9.25	9.22	8.58	7.90	7.72	7.24	7.47	8.17	7.99
2011	9.00	9.14	8.92	8.14	7.72	7.78	7.74	8.28	8.53
2012	8.44	9.22	8.92	8.28	7.94	7.56	7.31	7.27	7.94
2013	9.73	9.85	9.90	9.20	8.69	7.96	7.34	7.84	8.09

内部组在据以进行评估的九个指标权重选择上存在不同的优先次序。内部组在 2013 年的法治指数评审中，给予"司法公正权威""建设法治政府""民主执政优化"的权重继续保持前列，这说明内部组成员认为这三项指标对于余杭地区的法治建设尤为重要。而相对于前几年，他们给予其他六项指标的权重明显加大。由此看出，内部组在长期的法治实践

中，认为法治建设是一项系统性工程,需要政府、民众和社会各方的协调推进、综合发力方能有效推进余杭地区法治建设。

2. 内部组对各指标实施情况的评分及分析

2013年的内部组评估分值考察可从两个角度进行。其一,通过对内部组平均得分进行比较,分析各目标项的发展状况;其二,分析内部评估总分值。九项指标实施情况评分对比状况见表3。

表3　2007—2013年内部评审组对九项指标实施情况的评分情况

年份\项目	民主执政优化	建设法治政府	司法公正权威	法律服务完善	市场规范有序	民众尊崇法治	全面协调发展	社会平安和谐	监督力量健全
2007	68.72	68.00	68.78	67.56	65.17	69.22	67.72	71.44	67.61
2008	75.83	73.33	76.06	73.94	71.00	76.06	74.72	74.83	67.22
2009	81.61	80.22	80.78	79.22	77.11	77.72	78.56	83.22	78.11
2010	82.83	78.44	81.33	81.62	78.00	77.00	78.40	81.61	76.89
2011	76.00	78.61	79.67	74.56	74.67	74.67	76.17	79.33	77.94
2012	74.56	76.72	74.06	76.78	77.72	75.50	75.67	79.94	73.11
2013	79.17	77.94	78.83	80.50	80.28	79.00	77.78	80.83	73.28

2013年内部组对"社会平安和谐"的评分最高,同时对"法律服务完善""市场规范有序""民主执政优化"几项的评分较高,这与群众满意度调查情况大致吻合,体现了内部组对社会稳定现状的乐观态度及对政府法治发展和法律服务水平的信心。

2013年度内部组最终打分为78.61分。[①] 值得注意的是,历年内部组评分的走势往往与民意调查的趋势相反,这表明:政府内部官员的评价与民众评价由于观察角度和掌握材料的差异,始终存在错位。政府官员

---

① 2007—2012年内部组打分分别为:68.27分、73.67分、78.91分、79.66分、76.93分、75.96分。

由于长时期处于强势地位，主观意识较强。从群众角度看，可能由于以前的刻板印象，更多的是看到政府存在的问题和社会的种种不良现象，而对政府在法治方面的努力和成绩会相对忽略。

（二）外部评审组的评审结果及其分析

1. 外部组评审人员构成与指标权重确定

外部组成员由不直接参与余杭党委、人大、政府以及司法机关工作，但知晓，或者直接、间接参与，或者关注余杭法律事务的非政府组织、教育机构、新闻媒体、企业的人员，甚至是参与过司法诉讼的当事人代表组成。打分情况如下（见表4）。

表4 2007—2013年外部评审组对9项权重平均赋分情况

项目 年份	民主执政优化	建设法治政府	司法公正权威	法律服务完善	市场规范有序	民众尊崇法治	全面协调发展	社会平安和谐	监督力量健全
2007	9.28	9.28	9.00	6.78	7.72	7.50	7.17	7.22	8.89
2008	9.17	9.39	9.44	8.06	8.22	7.94	7.44	7.50	9.11
2009	9.00	9.17	8.89	7.89	7.61	7.56	7.78	8.06	8.72
2010	9.28	9.27	9.16	8.01	8.19	8.40	8.18	8.36	8.80
2011	8.64	9.08	8.75	7.62	7.63	7.46	7.98	7.72	8.31
2012	8.91	8.38	8.75	7.94	8.03	7.89	8.14	8.06	8.17
2013	8.79	8.65	8.96	7.94	7.85	7.35	7.74	7.68	8.17

2. 外部组评审指标实施情况分析

我们对外部组评分情况主要从两个方面分析：其一，通过对比2007—2013年七年的单项指标实施情况进行直观检视（见表5）；其二，总结外部组评分总体情况。

表5　2007—2013年外部评审组对九项指标实施情况的评分情况

年份\项目	民主执政优化	建设法治政府	司法公正权威	法律服务完善	市场规范有序	民众尊崇法治	全面协调发展	社会平安和谐	监督力量健全
2007	63.72	64.22	62.06	64.50	62.33	67.22	66.50	67.61	60.89
2008	70.10	67.45	69.50	69.90	68.70	71.70	71.00	72.55	63.55
2009	74.94	75.20	75.65	76.70	71.15	75.65	75.25	78.25	71.70
2010	81.32	77.49	80.53	77.26	77.09	77.01	78.37	79.34	75.84
2011	75.14	72.50	73.94	70.83	71.11	72.78	74.44	78.33	72.69
2012	74.50	74.89	75.17	73.67	75.33	70.94	73.50	76.22	72.72
2013	73.83	73.56	74.44	74.39	73.78	70.39	71.22	73.00	73.33

2013年外部组评分延续总体下滑的趋势。除了"法律服务完善""监督力量健全"存在些微上升，其他指标均出现幅度不一的下滑。其中"全面协调发展""社会平安和谐""市场规范有序"的下滑趋势最为明显。

本年度外部组最终打分为73.14分。[①] 本年度的平均得分仍延续2010年后的下滑趋势，出现小幅下滑。2013年是开展实施余杭法治指数测评的第七年，无论是从课题组指标的设计、调查的展开，还是从人民群众、内外组成员的认知程度、评价方法上看，各方面都日臻成熟完善，群众的态度也日趋理性审慎，因此数据波动渐趋缓和，并呈现微幅波动的态势。

（三）内外组评估结果的对比分析

内外组评审由于其主体身份的差异，评估结果也有一定的差异。

首先，从2013年打分情况看，内部组的各项打分普遍高于外部组，

---

① 2007—2012年外部组打分分别为：64.18分、69.80分、75.27分、78.29分、73.54分、74.13分。

这可能是因为内部组是法治建设工作的主要参与者,同时又是本评估的对象,打分中难以避免受到主观情绪的影响。

其次,从总体趋势上看,2013年度内部组打分总体上呈现稳步上升的趋势,而外部组打分则止升回跌,出现了小幅度下滑,这表明外部组由于处于法治实践的第一线,对社会法治情况的细微变化更为敏感;而内部组由于熟悉中央和地方各类文件,对余杭法治的方针政策和动向更为敏感。

再次,从两组权重给分的对比可以看出,内部组更注重"建设法治政府"和"司法公正权威",而外部组更注重"民主执政优化"和"司法公正权威"。内外部组均认为"司法公正权威"是法治评估体系中最重要的一环,而内部组由于长期在一线工作,更重视实践中的可行性,而外部组则从批判的角度出发,更注重从根本上解决问题。

最后,从对指标实施情况的给分上看,内部组给予"社会平安和谐"一项最高分,但外部组反而给予该项相对较低的分数,由此可以看出影响社会不和谐的因素仍然存在,并可能发酵为群体性事件。内部组将最低分给予"监督力量健全"一项,可见内部监督力量薄弱是长期以来制约法治建设的重要问题,也因内部组长期实践工作经验使其更深刻地认识到权力缺乏监督制约的弊端;外部组则给"民众尊崇法治"一项最低分,可能因为民众对于法治建设的信心不足而导致的法治信仰缺失,这说明法治道路的实现任重而道远。

三 专家组的评审情况及其分析

(一)专家组评审情况

2013年,评审组在对内部组和外部组数据采样的基础上,邀请有较高知名度的法学家参与评审。专家们根据民意调查结果、内外评审组的最后打分和意见反馈,以及余杭有关部门提供的当地法治建设详细陈述,就余杭法治状况九项指标项分别给出权重值和得分(见表6)。

表6 2007—2013年专家组对九项指标实施情况的评分情况

指标 年份	民主执政优化	法治政府建设	司法公正权威	法律服务完善	民众尊崇法治	市场规范有序	全面协调发展	社会平安和谐	监督力量健全
2007	71.82	71.73	72.09	71.55	71.27	73.64	70.64	72.64	69.09
2008	72.77	72.46	70.85	71.46	73.23	71.92	72.08	71.08	70.15
2009	70.00	72.13	69.00	69.88	71.13	67.13	69.00	70.25	69.63
2010	74.38	71.25	70.63	72.00	71.50	71.13	71.75	74.63	70.75
2011	76.22	75.56	76.11	77.67	76.56	74.00	75.56	76.00	74.00
2012	75.89	76.78	75.00	76.22	77.00	77.11	74.78	77.78	74.22
2013	67.75	65.63	75.13	68.50	66.38	77.88	67.38	63.13	75.50

(二) 专家组评审结果分析

2013年专家组的总得分为69.11分,较2012年的76.08分,有较大幅度的降低。就单项指标而言,"司法公正权威""市场规范有序""监督力量健全"三项指标较2012年有所增加,分别增长了0.17%、0.99%和1.70%。但"民主执政优化""法治政府建设""法律服务完善""民众尊崇法治""全面协调发展""社会平安和谐"六个单项指标的得分都有较大程度下降,降幅均超过7.00%,其中"社会平安和谐"下降幅度最大,达到了18.84%。

专家们在评审意见中也给出了较详细和深刻的论证。有专家指出,2013年虽然"法务前置"工程等措施推进了法治政府建设,但目前党内腐败现象仍然存在,群众对党风廉政建设的满意度有待提高。党委、政府等仍应加大公开范围和扩大审查程度,相关部门应悉心采纳和严格核实群众意见。还有专家指出,余杭律师每万人拥有量仍低于全省平均水平,应进一步加强法律队伍建设;也有专家着重关注了市场秩序,认为其有待进一步规范,避免食品安全问题的产生。许多专家普遍认识到,与群众生活密切相关的环境问题是余杭特别需要注意的。2014年5月10日发生在余杭中泰的"5·10事件"的负面影响不小。专家组的评审结果有较明显的波动,也在情理之中。① 同时也说明建设平安、和谐余杭的任务依然艰巨。

四 法治指数评审结果和单项指数分析

(一) 2013 年余杭法治总指数

2013 年度余杭法治指数在历经近半年的民意调查、内外组评分和专家组评审后,最终借助科学设计的统计模型,得出 2013 年度的余杭法治指数为 71.85 分。具体计算过程如图 1 所示。

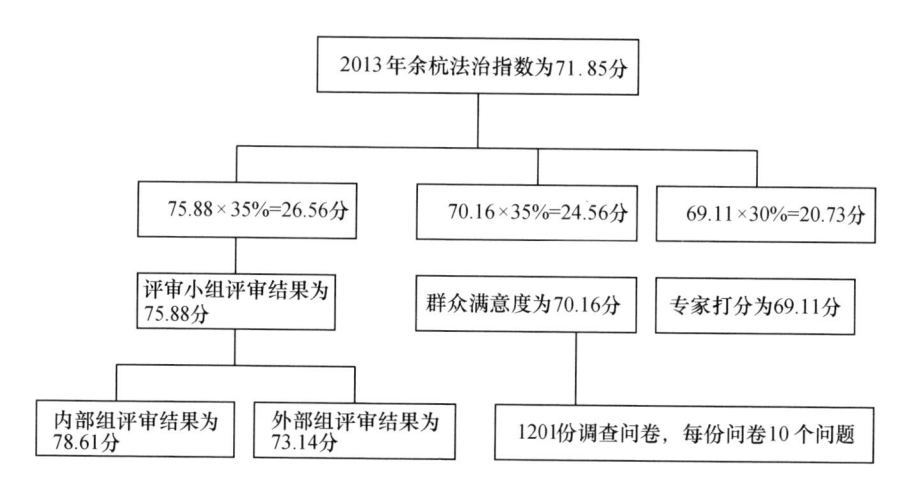

```
                    2013年余杭法治指数为71.85分
           ┌──────────────────┼──────────────────┐
   75.88×35%=26.56分    70.16×35%=24.56分    69.11×30%=20.73分
           │                  │                  │
   评审小组评审结果为      群众满意度为70.16分      专家打分为69.11分
       75.88分
      ┌────┴────┐              │
内部组评审结果为 外部组评审结果为  1201份调查问卷,每份问卷10个问题
    78.61分      73.14分
```

图 1 余杭法治指数计算模型

自 2007 年至 2012 年,余杭法治指数的分值分别为:71.6 分、71.84 分、72.12 分、72.48 分、72.56 分、73.66 分。从得分来看,余杭法治状况在前些年呈稳步上升态势后,首次出现了下滑,余杭总体法治发展似乎面临着一个"瓶颈"。

---

① 余杭中泰"5·10 事件"发生的时间是 2014 年 5 月 10 日。在此之前,课题组已完成民调以及内、外部组的评审,所以此事件对这二者的数据结果影响没有明显体现。

(二) 余杭法治指数的单项指数分析

本年度首次单独计算余杭法治的九项次级指数,并根据以往数据,计算了自2007年以来的历年次级指数,以进行对比研究,具体如表7所示。

表7　　　　　　　　2007—2013年次级指数得分情况

次级指数 年份	依法执政指数	依法行政指数	司法公正指数	权利保障指数	市场规范指数	法治观念指数	民主完善指数	社会平安指数	权利监督指数
2007	68.15	68.09	68.69	68.50	71.60	66.84	67.44	68.69	66.74
2008	73.19	71.74	71.18	71.84	72.66	72.82	71.87	71.77	68.85
2009	70.98	72.82	73.87	71.08	70.80	70.68	71.78	73.08	72.45
2010	72.85	71.27	74.26	71.38	69.89	71.38	72.09	74.60	72.87
2011	71.82	71.86	74.11	72.12	70.12	71.93	72.26	73.84	73.59
2012	72.72	74.14	73.19	73.13	73.33	74.66	72.72	75.41	73.37
2013	70.80	70.89	74.35	71.39	74.20	71.38	70.70	69.73	74.18

1. 依法执政指数

这一指数主要衡量余杭总体政党建设水平、党组织的依法执政能力等。该次级指数2013年度得分为70.80分。

从表7中可以看出,余杭的"依法执政指数"分布较为不稳定,几年间的波动较大,其原因可能在于党委的工作政策导向性极强从而弱化了工作的持续性,更在于民众(包括民调和外部组)对党委依法执政的期望和评价每年都有较大差距。

2. 依法行政指数

这一指数主要被用来衡量余杭各级政府依法行政的水平,及其规范性和有效性。该次级指数2013年度得分为70.89分。

由表7可知,余杭的依法行政工作到2012年总体为平稳上升趋势,但2013年回落至一个低点,其原因可能一方面是2013年的行政工作客观上未能得到更多的认可,另一方面是2012年前余杭相关工作较为出色,使专家主观上对依法行政工作较为满意从而提升了对此项的期待。

3. 司法公正指数

这一指数主要被用来衡量余杭司法系统工作是否公正、规范,司法权威是否有效树立。该次级指数2013年度得分为74.35分。

表7显示,余杭的司法公正指数从2008年的71.18分上升为2013年的74.35分,升幅较大,而且整个趋势较为平稳。这与作为司法机关的法院、检察院所具有的谨慎是分不开的。不过这一趋势并不必然预示下一年的分数会上升,司法公正指数的提高不易,更需要再接再厉。

4. 权利保障指数

这一指数主要被用来衡量余杭法律服务是否完善、公民权利是否得到有效保障。该次级指数2013年度得分为71.39分。

余杭的权利保障指数较之其他指数趋势更为平稳,但历年分数都不算高,可见权利保障指数与权利保障的实践是相对应的,这一方面密切关涉执政、行政、司法以及法治观念、法治环境等其他方面,是九项法治指标中最需要长期努力的一个。

5. 市场规范指数

这一指数主要被用来衡量余杭市场秩序是否规范有序、经济是否稳定良性发展。该次级指数2013年度得分为74.20分。

市场规范指数的趋势与权利保障指数之前的趋势几乎成正比,二者的一致性也许体现了余杭法治指数评估以来社会各阶层对此有着从直观感觉到理性化评分的逐渐接受的过程。

6. 法治观念指数

这一指数主要被用来衡量余杭公民法制教育是否有效、公民法律素养和法治意识是否健全。该次级指数2013年度得分为71.38分。

从表7可知,法治观念指数的平均得分总趋势与其他指数相同,都是2012年大幅上升,而2013年大幅回落。法制观念本身不可能提高后又降低,课题组分析其可能原因在于法治观念本身是更带有主观性的指标,衡量法制观念是否提升的前期注重如何提升的努力,如宣传、教育等提高公民法律素养的相关工作;而后期则看重法治观念所引发的行动,如维权行为的强度和规范性等。评分侧重点不同,会使此项有较大波动。

7. 民主完善指数

这一指数主要被用来衡量余杭各项民主建设是否有效推动法治协调发展。该次级指数2013年度得分为70.70分。

民主完善指数除2009年微幅下降以外，到2012年均呈微幅上升趋势，而2013年大幅下降，这很可能体现了余杭市民希望进一步参与到决策过程中、增加话语权的强烈要求。

8. 社会平安指数

这一指数主要被用来衡量余杭社会和谐稳定状态、平安余杭创建水平。该次级指数2013年度得分为69.73分。

社会平安指数在2012年是所有指数中最高的，而在2013年却是所有指数中最低的，其原因可能在于余杭区的社会治安和稳定一直被政府和民众认为是较为稳定的，而2013年评估过程中的某些群体性事件使得评分受到了影响。

9. 权力监督指数

这一指数主要被用来衡量余杭权力监督机制是否健全、监督效能是否提升。该次级指数2013年度得分为74.18分。

如表7所示，权力监督指数是所有指数中唯一一个趋势平稳且基本持续上升的指数，这说明余杭的权力监督工作的确在逐步落实，而且也得到了各阶层的认可。不过权力监督方面的努力不能代替其他方面的努力，甚至还需要其他方面法治工作的跟进与配合。

五 问题与建议

根据前面若干部分的数据分析以及课题组的相关调研，我们基本上可以把握2013年余杭法治的总体状况，也能发现余杭法治建设中存在的一些问题和努力的方向。

（一）余杭法治水平处于较好状态，法治指数实践意义深远

余杭法治建设仍处于稳健运行的状态，各方面取得了持续进展。概言之，余杭作为"全国法治的试验田"，在全国法治建设中起到了引领作

用。余杭法治指数评估开了中国内地法治量化的先河，作为最早制定并实施法治评估体系、坚持每年测评法治指数的实践一直反响良好，在理论和实践界产生的影响有目共睹。

它的实施形成了一种推动发展的有效机制。余杭法治指数产生了法治领域的"试验田效应"。它使更多的人意识到，"与其高呼'加强法治建设'的空洞口号，不如实实在在地从诸如'法治指数'入手，将法治建设创造性地引入科学发展的轨道"。①《中共中央关于深化改革的若干问题的重大决定》中提到的"建设科学的法治指标体系和考核标准"就是有力的说明。

余杭法治指数打造了学者、官员、民众共建法治的平台。这一平台的打造"对公权层面公共理性的形成以及公权力机关的透明化、公共化和合理化运作起到了有力的推进作用"。这就形成了"经济力量、制度力量、公权力量、私权力量、信息力量"五方面的合力。②

余杭法治指数还孕育了中国法治实践学派。法治实验的研究模式为中国法学界注入了一种新的活力，带来了法学研究范式的转变，即从传统规范研究向实证研究转型，并催生了中国法治实践学派这个具有重大学术意义的概念。"中国法治实践学派是以中国法治为研究对象，以探寻中国法治发展道路为目标，以实验、实践、实证为研究方法，注重现实、实效，具有中国特色、中国气派、中国风格的法学流派。"③

（二）垃圾焚烧项目群体事件直接导致法治指数的波动

法治指数是法治发展客观情况的"晴雨表"，更是对社会群体的主观性评价的反映，是主观与客观的统一。正是2013年度余杭法治指数下跌这一现象的出现，才使民众感受到法治指数的客观真实性和不可忽视的

---

① 刘武俊：《"法治指数"彰显法治建设的科学发展导向》，《中国审计报》2008年4月16日。
② 蒋安杰：《推进中国法治的五种力量——与浙江大学钱弘道教授的对话》，《法制日报》2008年4月20日第9版。
③ 钱弘道：《中国法治试验田孕育法治评估与实践学派》，《中国社会科学报》2014年5月7日。

作用,才可能使法治指数形成公信力,才能体现法治指数对公权的监督和制约作用。

杭州市政府要在余杭区中泰街道九峰规划建造垃圾焚烧发电厂的消息公布后,引起部分市民村民进行抗议并表达诉求。该事件发生时,余杭法治指数正进入专家评审阶段,专家组的评审结果出现跌幅。2013年的法治指数并不意味着不关联2014年指数评审完成前的时间段。2014年的事件客观上与2013年法治状况相关。实际上,即便是到明年,从民调到内外组,再到专家组,都会审视垃圾焚烧项目事件的处理结果。

2013年余杭法治指数71.85分,虽然出现下跌,并跌破过去七年平均水平,但仍然高于2007年的71.60分,仍然处于法治初级阶段合理区间,属于正常波动状态。法治指数出现跌幅,并不意味着余杭法治建设被总体否定。相反,跌幅反映出余杭法治建设在不断取得进步的过程中存在问题。这种问题是全国各地普遍以不同形式存在的,也是转型期中国法治建设的特点。

(三) 深刻领会中央改革精神,更加重视"法治余杭"建设

1. 紧紧把握《中共中央关于深化改革的若干问题的重大决定》精神和四中全会法治主题,不遗余力地推进"法治余杭"建设

《决定》专列第九部分"推进法治中国建设",这在中央文件中第一次专门将法治单列。中央第十八届四中全会将专门出台关于法治建设的重大决定,这在中国共产党的历史上是第一次。由此可见,法治中国建设已提到中国发展的最重要的议事日程中。习近平同志担任中共中央总书记后提出"法治中国",与他在浙江担任省委书记倡导"法治浙江"的实践经验是分不开的。素有"全国法治试验田"之称的余杭就是在习近平开展"法治浙江"建设中出现的典型。

各地在"法治中国"这个总目标的指引下,纷纷开展多种多样的法治建设活动,积极探索地方法治建设新道路,出现各种法治创新实践。在这样一个背景下,不进则退,只有深刻领会中央关于法治中国建设精神的前提下,坚持成功的经验,继续探索创新,才有可能持续推进法治进步。

2. 充分发挥党委在法治建设中的领导作用

中国特色社会主义法治建设离不开党委领导。法治建设要与"一把手"责任挂钩。在"一把手"的领导下，领导班子带头，充分发挥党在法治中国建设中的领导核心作用，充分发挥人大的主导作用，政府、司法各负其责，人民政协民主协同，齐心协力推进法治建设。

中国法治建设的特点是政府主导，重"顶层设计"。① "法治余杭"的经验说明，中国地方的法治建设状态如何与"一把手"的重视程度成正比，与"一把手"的法治思维、法治素养、法治能力成正比。在2006年习近平同志到余杭调研"法治浙江"建设之后，区委领导同志及时推出"法治余杭"，及时拍板制定余杭法治指标体系和法治指数，才使"法治余杭"建设取得重大成绩成为可能。此后的历任区委领导均高度重视"法治余杭"建设，坚持每年测评法治指数，使浙江余杭入选"浙江改革开放三十年典型事例100例"，并使余杭成为"全国首批法治先进县区"。

3. 更加重视专家学者的重要作用

2014年7月8日，习近平在经济形势专家座谈会上指出："党的十八大和十八届三中全会要求加强中国特色新型智库建设，建立健全决策咨询制度……广泛听取各方面专家学者意见并使之制度化，对提高党的执政能力、提高国家治理能力具有重要意义。希望广大专家学者深入实际、深入群众、深入基层，倾听群众呼声，掌握真实情况，广泛调研，潜心研究，不断拿出具有真知灼见的成果，为党中央科学决策建言献策，为推进决策科学化、民主化多作贡献。"

"法治余杭"的经验表明，专家学者在"法治余杭"建设中发挥了重要作用。政府谦虚谨慎，重视专家学者的理论支持，这是中国转型期的成功经验。余杭在2006年就聘请十名专家学者组成专家顾问委员会，可适当增加成员，使专家学者持续并且更好地发挥作用。

4. 行政、司法要更加公开透明，扩大公民参与范围，增强公民监督力度

行政、司法是否公开透明，将直接影响法治建设的成效。中国社会

---

① 参见钱弘道《余杭法治指数的实验》，《中国司法》2008年第9期。

正处于转型期，各种转型发展中的问题会以各种形式、不同程度的事件爆发出来。要如何处理这些大大小小关乎公民利益的问题呢？公开透明、让公民参与是有效的方法。垃圾焚烧项目事件就是一个典型的例子。

随着人口增长和工业发展，我国固体废弃物数量剧增，而垃圾清运量严重不足，垃圾处理问题已经成为制约经济发展、威胁公众生活和健康的重要问题。垃圾焚烧项目总会面临相应的利益博弈，其关键问题是"邻避效应"，即当地民众因担心某建设项目对身体健康、环境质量和资产价值等带来诸多负面影响，从而激发嫌恶情结，引发强烈反对。转型期政府的权威和公信力有局限，更应积极动员公众参与，听取公众意见。环境许可、规划许可、用地许可等，每个程序都要充分考虑融入公民的参与。这就是法治思维和法治方式。在公众参与方面，日本的经验十分值得借鉴。在根本无法找到远离居民区的地方兴建垃圾焚烧厂的背景下，日本一些地区直接让当地居民参与选举，经过调查、论证、投票等程序之后，选址问题在一定程度上迎刃而解。

浙江省高级人民法院与浙江大学合作制定了《浙江法院阳光司法指数评估体系》，并从2013年起在浙江法院全面推行，得到中央政法委书记、最高法院多位领导批示。通过2012年度的测评，在立案庭审公开方面，余杭区法院在103家法院中排名第4，但在执行公开方面，杭州辖区的法院都没有进前20名。根据《中共中央关于深化改革的若干问题的重大决定》，司法公开是今后改革的重点内容。

5. 培养法治思维，以法治方式办事，更加重视制度创新

党的十八大报告提出："提高领导干部运用法治思维和法治方式深化改革、化解矛盾、推动发展、维护稳定能力。"中国社会受传统人治思想影响很深，法治思维缺失。只有法治思维形成自觉，法治建设才有可靠的基础。

在实际工作中，运用法治思维、法治方式要贯穿所有环节。例如，在垃圾焚烧项目事件中，余杭区政府充分考虑到了公众参与问题，并于5月9日公开发布了《关于九峰环境能源项目的通告》，郑重声明：项目没有履行完法定程序，不征得群众的理解和支持，一定不会开工；建设过程中将邀请群众全程参与，充分保证群众的知情权。这是根据法治思维

和法治方式处理垃圾焚烧项目事件。

干部的法治理念、法治思维、法治方式与群众的法治观念息息相关。今后的法制宣传，应以提高领导干部法治理念、法治思维为重点，在法制教育、宣传活动中不仅注重形式生动和范围浩大，而且要注重法律知识的全面切实和法治理念的深入人心。

余杭首推的律师进社区、进村庄的"法务前置"工程①以及"社会稳定三色预警机制"② 等都是有特色的制度创新。今后应当更加重视以法治为中心思想的制度创新，将法治理念、法治思维、法治方式融入各种创新的制度中。

六　结语

"法治余杭"的经验告诉我们，法治建设需要合力。只有形成民众、政府、学界、媒体等各方共建法治的合力，法治建设才能真正产生最大效果。法治的形成并非一日之功，它依赖于经济力量、制度力量、公权力量、私权力量、信息力量等推动力的形成。③ 上述推动力是法治合力的表现形式。余杭法治指数的测评历经七年风雨，虽然曾经引起一些质疑，但实践表明，法治量化的研究和实践是法治发展的必然阶段。余杭法治指数在总体上呈上升趋势的同时也出现了局部盘整，这表明，法治指数是随着法治状态的变化而变化的，是法治状况的"晴雨表"。通过法治指标的设计，形成法治的目标。通过法治评估，推动法治具体工作的落实。法治评估因此成为法治的"抓手"和增长点。余杭已经在全国做出了法治的示范作用，我们可以期待，余杭还将因为坚持每年测评法治指数以

---

① 参见中国社会科学院法学研究所法治指数创新工程项目组《重建中国基层社会秩序的探索——余杭法务前置调研报告》，载《法治蓝皮书》，社会科学文献出版社2014年版，第315—329页。

② 余杭区在杭州率先启动了"社会稳定三色预警机制"，分别用红色、橙色、黄色按照紧急程度、发展态势和可能造成的危害程度，进行分级预警，并与领导包案化解、应急处置等机制对接。这一社会稳定三色预警工作经验被杭州市政法委作为典型在全市推广。

③ 蒋安杰：《推进中国法治的五种力量——与浙江大学法学院钱弘道教授的对话》，《法制日报》2008年4月20日第9版。

及实施其他一系列的法治行动而继续引领地方法治创新实践。余杭和全国其他地方的法治实践以及理论界的深化研究将推动中国法治实践学派的真正形成。中国法治实践学派将成为法治中国的各种实践的最直接的理论回应。

2014年度余杭法治指数报告

钱弘道　刘大伟　徐　成　谢天予

摘　要　2014年度余杭法治指数评测通过民意调查、司法系统内部组评估、外部组评估、专家组评审四个方面相结合的方式，根据一定的统计和数据分析方法计算得到2014年度余杭法治指数。数据表明，在十八届四中全会提出全面推进依法治国大环境下，2014年余杭法治建设总体上有了明显的提升，表明各方对建设"法治余杭"的共同努力有了成果。经过进一步分析，本文对指数反映的各种问题进行了较为全面的分析，对余杭今后的法治建设工作有较好的参考意义。

关键词　法治指数　依法治国　法治评估

作为余杭区法治状况的年度体检，余杭法治指数的评估实践已经走入了第八个年头。在这八年期间，法治指数的测评结果成为余杭法治社会建设的一面镜子，已体现出其重大意义：第一，通过法治指数的评估，寻找余杭地区法治发展中的问题，指导和推动余杭地区有针对性地解决法治建设的症结，并为全国地方法治建设提供参考和借鉴；第二，拓展民众参与法治实践的平台，监督公权力，提高政府官员和民众的民主法治意识，提升法治文明水平；第三，通过研究余杭个案经验，寻找法治

---

* 本文系"'2011计划'司法文明协同创新中心"研究成果，教育部哲学社会科学研究重大课题攻关项目"中国法治政府建设指标体系研究"（13JZD011）、国家社会科学基金重点项目"司法透明指数研究"（13AFX012）、余杭区委区政府委托项目阶段性成果。

发展规律，创新法治理论，探寻中国法治发展的道路；第四，余杭法治指数及其引发的一系列法治实验和实践，凸显出法治理论的实践路径，促成了中国法治实践学派的产生，同时将进一步提升中国法学理论与法治实践结合的进程。

一 2014 年度基础数据分析

基础数据是用来考察法治量化评估体系每一项指标整体情况的多个方面的量化数据，是内部组、外部组以及专家组评分时的重要参考依据。此外，基础数据能够直观地反映余杭法治实践的整体进度。因此，基础数据的收集是整个法治指数评估工作的重要准备工作。

基础数据资料包括两方面：一部分是"法治余杭"的背景数据，因其统计相对客观，最能够反映余杭区社会法治发展的实际情况；另一部分是"法治余杭"的自评数据，它是余杭区有关部门根据评估体系进行自评得出的数据。

(一) 2014 年"法治余杭"背景数据分析

法治指数测评的基础数据是进行指数评估各个环节，尤其是内外组、专家组评审的重要依据。基础数据包括历年的背景数据对比以及各相关机关的自评数据。这一部分数据最具有年度的连续性和对比性。由于"法治余杭"的背景数据繁多，限于篇幅，本节仅选取最直观的四组数据进行比较分析。

1. "完善民主政治"的相关数据

表 1 给出了余杭区 2007 年到 2014 年在"完善民主政治"方面的完整数据。整体来看，余杭区在"完善民主政治"方面的成绩平稳发展，但 2014 年人大代表的参与热情有所下降。首先，市民的民主参与意识仍然保持在一个较高的水平。2014 年余杭区市民向政府提出的建议达 630 件，虽然与 2012 年的 846 件和 2013 年的 804 件相比，数量上有所下降，但仍保持了较高的水准。其次，公民参加各类党派和社团的人数保持高位运行。2014 年，余杭区公民参加各类党派和社团的数量为 242 个，与

2012年和2013年基本持平,但人次有显著增加:2014年,参加人数达242209人次,比2013年增加43369人次,增幅为21.81%;比最低的2007年增加101804人次,增幅高达72.51%。再次,共产党代表和民主党派代表的比重、工人人大代表和农民人大代表比重,与2012年和2013年相比,变化幅度较小;与其余各年份相比,变化幅度也不大。显然,上述两项事项进入稳定发展阶段。最后,人大代表的参与热情有所下降。2014年,区人大代表提出议案建议数为234件,远低于2007年的331件(此前最高值),也低于2011年的236件(此前最低值),与前两年相比,也有不小的差距。

表1　　　　　"完善民主政治"的部分相关数据

考评项目	2007年	2008年	2009年	2010年	2011年	2012年	2013年	2014年	数据来源
市民向政府提出的建议数(件)	679	719	287	265	254	846	804	630	区信息中心
区人大代表提出议案和建议数(件)	331	306	292	250	236	329	287	234	区人大
公民参加各类党派和社团的情况	党派和社团146个/140405人次	党派和社团161个/142037人次	党派和社团215个/156349人次	党派和社团218个/158003人次	党派和社团224个/170271人次	党派和社团236个/182280人次	党派和社团244个/198840人次	党派和社团242个/242209人次	区统战部、区民政局
共产党、民主党派人大代表人数(人)	203/7	203/7	200/7	195/5	192/5	194/8	192/8	192/8	区人大
工人、农民人大代表占比(%)	43.85	43.85	45.00	44.00	44.30	41.30	40.90	41.40	区人大

2. "政府依法行政"的相关数据

"法治余杭"要求政府以身作则,维护法律的权威,营造出良好的守法氛围。表2中"行政机关败诉的案件数"和"行政部门工作人员重大违法乱纪案件数"两个关键类别的数据显示,2014年余杭区的依法行政水准有所下降,但信访工作保持了较高的水平。首先,"行政机关败诉的案件数"激增。2014年为13件,远远高于2010年的4件(此前最高值),更绝对高于2012年的0件(此前最低值)。其次,"行政部门工作人员重大违法乱纪案件数"仍然高位运行。2014年的13件虽然远远低于2004年的34件(此前最高值)和2013年的20件,但仍与2007年的16件和2010年的17件基本持平,在历年中居于中间的位置。再次,潜在的行政机关败诉和人员违纪的可能性较大。其中,在"引发行政诉讼的复议案件数"方面,2014年为36件,较2010年的19件(此前最高值)增幅高达89.47%,与2012年0件(最低值)相比发生了更为根本性的变化;在"信访案件总数"方面,2014年的48996件与2011年50061件(此前最高值)差别不大,与2012年的48587件和2013年的49576件基本持平。最后,信访工作保持了较高的水准。其中,在"信访案件结案率"方面,2014年为99.80%,无论是绝对值还是与历年相比较,均处于高位;在"引发重复信访的信访案件数占全部案件的比率"方面,2014年的数值为2.81%,延续了自2009年以来的低位状态。

表2　　　　　　　"政府依法行政"相关案件的数据

考评项目	2007年	2008年	2009年	2010年	2011年	2012年	2013年	2014年	数据来源
行政机关败诉的案件数(件)	2	3	2	4	1	0	3	13	区法院
引发行政诉讼的复议案件数(件)	6	6	9	19	6	0	7	36	区法院
行政部门工作人员重大违法乱纪案件数(件)	16	34	13	17	6	7	20	13	区监察局

续表

考评项目	2007年	2008年	2009年	2010年	2011年	2012年	2013年	2014年	数据来源
信访案件总数（件）	26031	39002	47413	49364	50061	48587	49576	48996	区信访局
信访案件结案率（%）	99.70	99.80	99.13	99.80	99.80	99.80	99.80	99.80	区信访局
引发重复信访的信访案件数占全部案件的比率（%）	16.85	9.90	3.43	3.06	2.83	2.79	2.60	2.81	区信访局

3. "司法公平正义"的相关数据

由表3可以看出，在法院受理案件数量激增的前提下，2014年，余杭区的"司法公平正义"仍然保持了较高的水准。首先，法院一审案件数量激增，表明法院的权威日益提高。2014年的"一审案件数"为21941件，是2007年6579件（此前最低值）的3.34倍，也是2013年12641件（此前最高值）的1.74倍。其次，上诉案件率、抗诉案件率、再审案件率、二审改判率和上诉案件中改判、发回重审案件占当年结案数的比例与历年相比变化不大。其中，抗诉率为0，显示出国家法律监督机关对于法院依法裁判的高度认可。最后，"一审通过调解结案的案件比例"显示出当事人对于法院权威的高度认可。在案件量激增的前提下，2014年的比例为44.57%，与2013年的46.66%基本持平，仅略低于2010年的55.85%。

表3　　　　　　　　"司法公平正义"的相关案件数据

考评项目	2007年	2008年	2009年	2010年	2011年	2012年	2013年	2014年	数据来源
一审案件数（件）	6579	8223	10678	10023	10779	11764	12641	21941	区法院

续表

考评项目	2007年	2008年	2009年	2010年	2011年	2012年	2013年	2014年	数据来源
上诉案件率（%）	5.60	4.80	4.30	6.10	5.39	6.04	6.73	6.81	区法院
抗诉案件率（%）	0.05	0.01	0.01	0.05	0.02	0.02	0.00	0.00	区法院
再审案件率（%）	0.08	0.09	0.22	0.04	0.05	0.04	0.15	0.12	区法院
二审改判率（%）	5.40	6.00	8.80	7.50	5.80	5.20	8.23	6.30	区法院
上诉案件中改判、发回重审案件占当年结案数的比例（%）	0.24	0.27	0.24	0.39	0.44	0.21	0.47	0.60	区法院
一审通过调解结案的案件比例（%）	—	—	34.64	55.85	35.51	39.30	46.66	44.57	区法院

4. "公民素质提升"的相关数据

由表4可以看出，余杭区公民素质的相关数据升降不一，虽然关键性数据显示不断提高，但成年人犯罪数量高位运行令人忧虑。首先，民事案件和行政案件占所有案件比率处于历史高位，这显示出公民依法维权的意识和素质不断提高。其中，在"民事案件占所有案件比率"方面，2014年的数值为64.50%，系历年最高；在"行政案件占所有案件比率"方面，2014年的0.79%较2013年的2.93%显著下降，但仍远高于除2007年的0.68%外的其余历年。再次，14—18周岁的青少年违法犯罪数量呈下降态势。其中，在"14—18周岁犯罪人数"方面，2014年的102人为历年最低，与2008年和2011年的最高值154人相比，下降幅度高达

33.77%，与2012年的150人和2013年的139人相比也有显著下降；在"不满18周岁组中每十万人违反治安管理法的人数"方面，2014年的8.18人为历年最低，较最高值2007年的32人，下降幅度高达74.44%，与2012年的17.02人和2013年的14.41人相比也有显著下降。再次，成年人犯罪人数高位运行。在"18周岁以上犯罪人数"方面，2014年的2308人仅低于2012年的2368人，较最低值2007年的1354人上涨幅度高达70.46%，较2013年的2044人增长了12.92%。最后，每十万人律师、法律服务工作者人数处于较低位，2014年的数值为1.77人，和余杭区的经济发展水平存在一定程度的偏离。纵向比较，介于2013年的1.53人和2012年的1.91人之间；横向比较，也低于杭州市的6.12人和浙江省的2.13人（2012年万人律师比），[①]与"全面小康社会"考核指标（每万人拥有律师2.5人）仍有一段距离。

表4　　　　　　　　"公民素质提升"的部分相关数据

考评项目	2007年	2008年	2009年	2010年	2011年	2012年	2013年	2014年	数据来源
每十万人律师、法律服务工作者人数（人）	1.29	1.34	1.33	1.47	1.29	1.91	1.53	1.77	区司法局
民事案件占所有案件比率（%）	60.23	61.04	63.80	58.40	57.60	56.14	59.34	64.50	区法院
行政案件占所有案件比率（%）	0.68	0.40	0.37	0.39	0.25	0.34	2.93	0.79	区法院
14—18周岁犯罪人数（人）	133	154	124	112	154	150	139	102	区法院

---

① http：//www.tzzy.gov.cn/dyydinfo.aspx？id=203&newstypeid=13.

续表

考评项目	2007年	2008年	2009年	2010年	2011年	2012年	2013年	2014年	数据来源
不满18周岁组中每十万人违反治安管理法的人数（人）	32.00	18.00	11.54	13.46	13.36	17.02	14.41	8.18	区公安分局
18周岁以上犯罪人数（人）	1354	1554	1778	1358	2013	2368	2044	2308	区法院

（二）2014年"法治余杭"自评

为更加准确、全面地掌握"法治余杭"的建设实效，余杭区在政府机关内部自我测评的基础上，进一步开展了"法治余杭"建设专项工作组的年度考评。为确保评审的中立性，这部分数据在法治指数测评时仅作为评审活动的参考，并不直接作为计算依据。

根据评估实践的具体操作和实施情况的深入，"建设法治政府"（指标二）、"民众尊崇法治"（指标五）的标准分自2010年开始分别从160分和100分调整为165分和95分，因为前者在测评上主要依靠行政操作过程的硬指标，更具可量化性，后者则较为主观。

表5　2008—2014年度"法治余杭"考评各项指标实施情况的得分

序号	考评项目	标准分	2008年	2009年	2010年	2011年	2012年	2013年	2014年
1	推进民主政治建设，提高党的执政能力	110	100	108.8	82	79	105	87	95
2	全面推进依法行政，努力建设法治政府	165	140	133.3	129	137	151	141	120
3	促进司法公正，维护司法权威	130	120	129.7	130	127	114	125	130

续表

序号	考评项目	标准分	2008年	2009年	2010年	2011年	2012年	2013年	2014年
4	拓展法律服务，维护社会公平	100	95	96.3	93	96	94	98	98
5	深化全民法治教育，增强法治意识，提升法律素养	95	90	94.2	86	88	89	90	93
6	依法规范市场秩序，促进经济良性发展	100	85	85	97	96	96	97	98
7	依法加强社会建设，推进全面协调发展	100	90	90.9	94	97	98	99	100
8	深化平安余杭创建，维护社会和谐稳定	100	85	90	100	100	96	100	100
9	健全监督体制，提高监督效能	100	90	89.6	98	98	98	98	98

综合2008—2014年各项指标的考评分可以看出：2014年有关"司法公正权威"（指标三）、"法律服务完善"（指标四）和"市场规范有序"（指标六）等六项指标分值均达到了近七年的最高值，从2010年权重改变开始，2014年"民众尊崇法治"相对分值也达到了历年最高，第六项至第九项指标近五年表现较为稳定。而有关"建设法治政府"的得分为120分，为七年来的最低分，失分原因主要是行政部门工作人员违法违纪案件较多以及行政败诉案件较多。这一方面说明余杭区2014年度在"建设法治政府"方面的表现有待提高；另一方面也说明余杭区在查处公职人员违法乱纪现象上加大了力度。

由于上述数据主要来自政府机关内部的自我测评，相对来说客观中立性有所欠缺，为了保证法治指数评估的真实性和可靠性，下文将从民意调查、内外组评审及专家组评审等调查手段获取第一手数据，对基础数据所反映的情况进行更为客观具体的陈述和分析。

二 民意调查

(一) 群众满意度问卷调查

根据余杭区 20 个街道的人口数比例，本次群众满意度调查共发出问卷 1720 份，回收 1716 份，剔除无效问卷 140 份，[①] 共计收到有效问卷 1576 份。在样本选择上，本着多样性、代表性、客观性的原则，我们在街头、学校、行政服务中心等地发放问卷，选取了不同年龄、不同职业、不同文化程度的社会各阶层民众来开展调研。调查对象组成成分如图 1 所示。

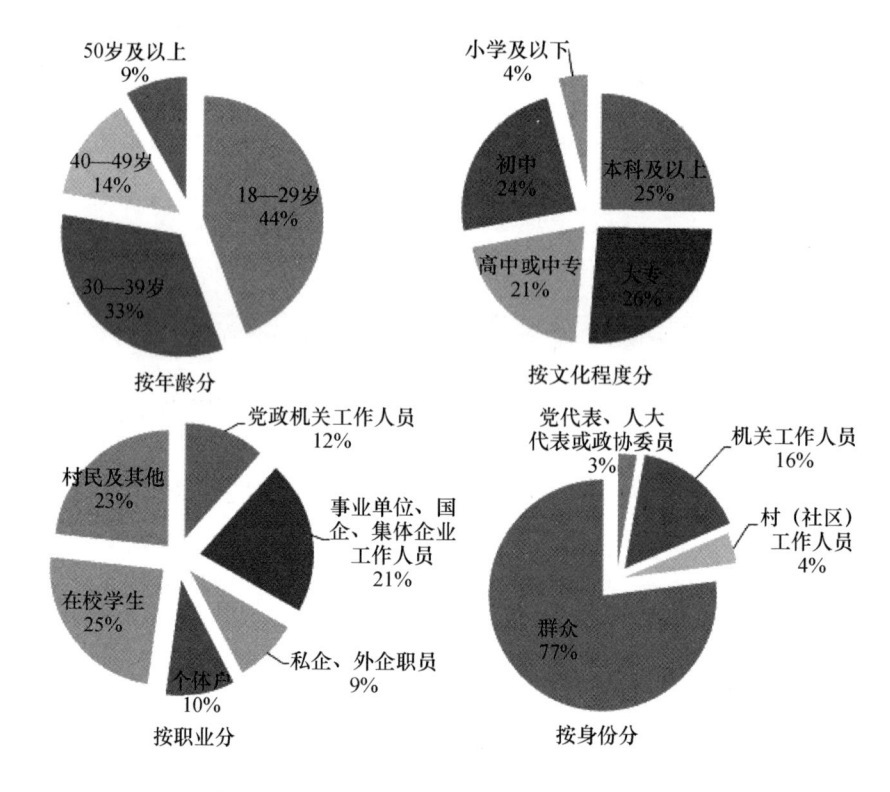

图 1 2014 年度群众满意度问卷调查对象组成成分

---

① 无效问卷指的是所有题目均为单一选项或有空白选项的问卷。

调查对象中，男女比例为795:781，接近1:1，文化程度分布也较为均衡，年龄以青壮年居多，40岁以下人员占到将近80%。调查对象包含一定党政机关工作人员，但群众人数超过75%，因此调查结果基本反映民意。

（二）调查结果数据分析

根据十项得分情况，得出2014年度"法治余杭"群众满意度指数为70.79分，与往年对比如图2所示。

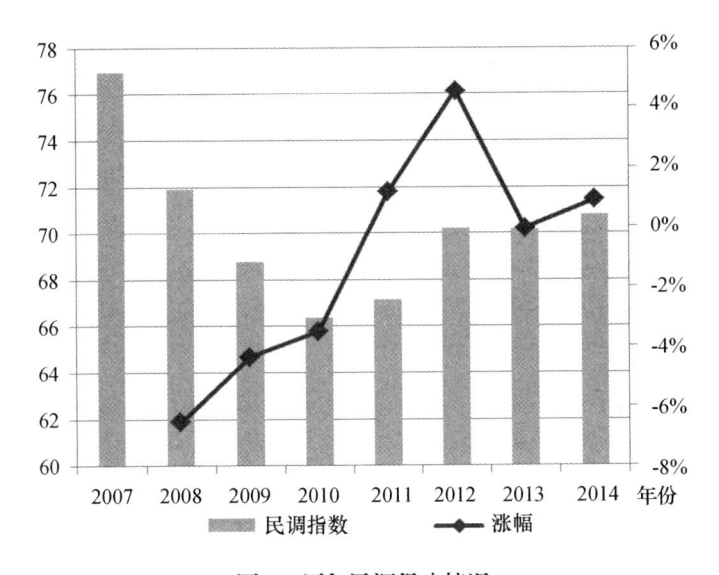

图2 历年民调得分情况

本年度群众对"法治余杭"建设的各项得分情况如图3所示。

从总分来看，2014年群众对"法治余杭"的总体评价呈现出上升态势。在各单项指标中，"司法公正权威""民主政治参与""社会平安和谐""法治总体评价"四项指标均有了不同程度的增长，其中，"司法公正权威""社会平安和谐""法治总体评价"三项指标达到八年来的最高水平，说明余杭当地公民对"法治余杭"建设总体较为满意，尤其对司法公正和"平安余杭"的建设成果认同度较高。值得注意的是，"党风廉政建设""民众尊崇法治""民主政治参与"三项指标仅略高于甚至低于历年平均水平，说明2014年这几个方面的工作未得到群众

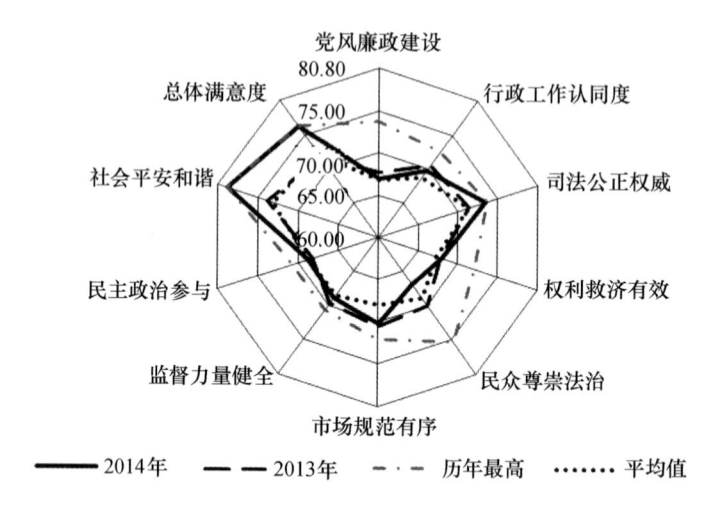

图3　2014年度问卷调查十项得分情况示意

很好的认同。

问卷选项按照满意程度由高到低排序，满意率代表各题选项A（满意）和选项B（较满意）的合计数占问卷总数的比率。对满意率的统计如图4所示。

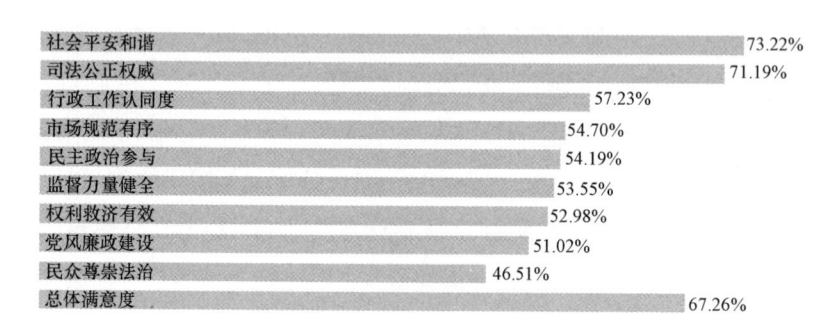

项目	满意率
社会平安和谐	73.22%
司法公正权威	71.19%
行政工作认同度	57.23%
市场规范有序	54.70%
民主政治参与	54.19%
监督力量健全	53.55%
权利救济有效	52.98%
党风廉政建设	51.02%
民众尊崇法治	46.51%
总体满意度	67.26%

图4　2014年度群众问卷调查满意率

由图4可知，除"民众尊崇法治"外，其余项目的满意率均达到50%以上，民众对当地法治总体情况的看法满意率达到67.26%，位列第三，说明余杭当地公民对"法治余杭"建设总体较为满意。

三 内外评审组的评审结果及其分析

(一) 内部评审组的评审结果及其分析

1. 内部组评审人员构成与指标权重确定

2014年内部组成员是从余杭地区的党委、人大、政府以及司法机构、律师事务所中直接参与法律工作的成员中,随机抽取20名人员组成。权重最终得分情况和历年该项得分情况如表6所示。

表6　　2007—2014年内部评审组对九项权重平均赋分情况　　单位:%

权重＼年份	民主执政优化	建设法治政府	司法公正权威	法律服务完善	民众尊崇法治	市场规范有序	全面协调发展	社会平安和谐	监督力量健全	总权重
2007	9.11	8.83	8.28	7.28	7.67	7.50	7.50	8.17	8.67	73.01
2008	9.56	9.72	9.11	7.89	8.28	8.22	8.39	9.11	9.11	79.39
2009	9.39	9.22	8.78	8.06	8.28	7.94	7.61	8.00	8.44	75.72
2010	9.25	9.22	8.58	7.90	7.72	7.24	7.47	8.17	7.99	73.54
2011	9.00	9.14	8.92	8.14	7.72	7.78	7.74	8.28	8.53	75.25
2012	8.44	9.22	8.92	8.28	7.94	7.56	7.31	7.27	7.94	72.88
2013	9.73	9.85	9.90	9.20	8.69	7.96	7.34	7.84	8.09	78.60
2014	8.72	8.42	8.44	7.69	7.75	7.31	6.78	7.00	7.44	69.55

权重的得分反映了内部组成员认为各项指标的重要性程度。但从统计学角度讲,各年度总权重不同,权重分值及排名不能直接比较、运算,需要进行标准化处理。标准化处理采取的是将原权重赋分除以各年度总权重的方法,处理后的历年权重见表7。

表7　　　　　　　标准化处理后的历年权重　　　　　单位:%

权重＼年份	民主执政优化	建设法治政府	司法公正权威	法律服务完善	民众尊崇法治	市场规范有序	全面协调发展	社会平安和谐	监督力量健全
2007	12.48	12.09	11.34	9.97	10.51	10.27	10.27	11.19	11.88
2008	12.04	12.24	11.47	9.94	10.43	10.35	10.57	11.47	11.47
2009	12.40	12.18	11.60	10.64	10.94	10.49	10.05	10.57	11.15
2010	12.58	12.54	11.67	10.74	10.50	9.84	10.16	11.11	10.86
2011	11.96	12.15	11.85	10.82	10.26	10.34	10.29	11.00	11.34
2012	11.58	12.65	12.24	11.36	10.89	10.37	10.03	9.98	10.89
2013	12.38	12.53	12.60	11.70	11.06	10.13	9.34	9.97	10.29
2014	12.54	12.11	12.14	11.06	11.14	10.51	9.75	10.06	10.70

比较各年度得分，2014年的具体分数与往年相比有一定变化，但是其中得分最高的三项分别为"民主执政优化""建设法治政府""司法公正权威"，与往年的情况一致，内部组始终认为这三项指标对于建设"法治余杭"影响更大。和往年相比，"民众尊崇法治"和"市场规范有序"两项指标的相对权重达到历年最高值，"民主执政优化"为2014年各项的最高分。"民主执政优化"就是推进民主政治建设，提高党的执政能力。十八届四中全会指出，坚持党的领导，是社会主义法治的根本要求，是党和国家的根本所在、命脉所在，是全国各族人民的利益所系、幸福所系，是全面推进依法治国的题中之义。

2. 内部组对各指标实施情况的评分及分析

首先对内部组的评分进行一致性检验。利用SPSS对九项指标的评分进行Kendall和谐系数W检验，得到表8。

表8　　　　　　　　内部组评分的检验统计量

N	20
Kendall W	0.048
卡方	7.607
自由度	8
渐近显著性	0.473

自由度 df = 9 - 1 = 8，在显著性水平 α = 0.05 的情况下，查得卡方界值 $\chi^2_{0.05,8}$ = 15.51。而 SPSS 得出的卡方值为 7.607，小于卡方界值 $\chi^2_{0.05,8}$，故在 α = 0.05 下，内部组对九项指标的评分存在分化。

评分偏差较大的原因在于，内部评审组各成员所处立场不同，政府中直接参与法律工作的人员进行评分可能比律师评分更偏向于自评，主观意识更强。考虑评估误差的控制问题，本次计算平均分时已剔除单项最高分和最低分，以降低评分偏差。

对内部组评估的平均分值（修正后）考察，可从两个角度进行：其一，通过对内部组平均得分进行比较，分析各目标项的发展状况；其二，分析内部评估总分值。

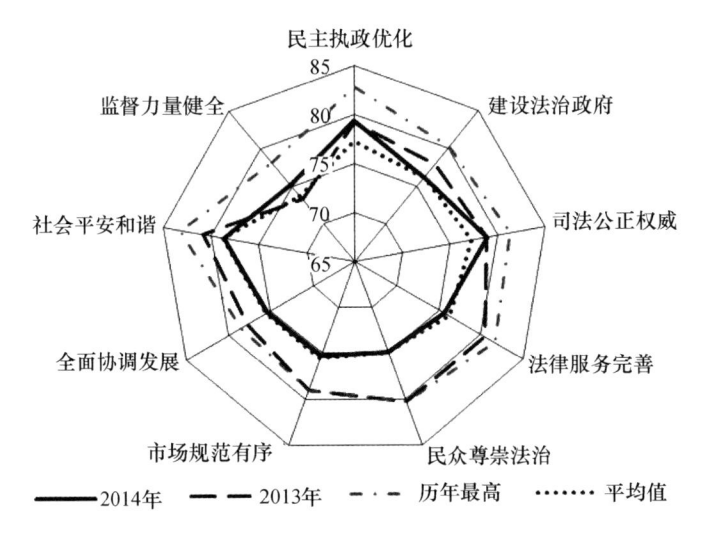

图 5　2014 年内部组对九项指标的评分情况

总体来看，相较于 2013 年，内部评审组对 2014 年的评分更为谨慎。2014 年得分最高的是"民主执政优化"，该项也是 2014 年为数不多的比 2013 年得分上升的指标，同时该项还是 2014 年权重得分最高的指标，显示内部组对于民主执政不仅更加重视，对其取得的进展也给予了相当的肯定。其余各项得分中，除"监督力量健全"比 2013 年略微上升，"司法公正权威"基本持平之外，均有不同幅度的下降，其中"民众尊崇法治""法律服务完善""市场规范有序"三项指标下降明显。从绝对分数来看，各项得分均在74分以上，未出现明显低分。

表9　　2014年内部评审组对九项指标实施情况评分的统计情况

统计方式 指标	极小值	极大值	均值	标准差
民主执政优化	55.00	100.00	79.15	14.78
建设法治政府	53.00	100.00	76.15	14.02
司法公正权威	50.00	100.00	78.50	14.09
法律服务完善	52.00	100.00	75.60	13.11
民众尊崇法治	60.00	100.00	75.35	11.22
市场规范有序	51.00	100.00	75.30	12.95
全面协调发展	52.00	100.00	75.45	13.55
社会平安和谐	55.00	100.00	78.55	11.32
监督力量健全	43.00	100.00	74.90	14.46

内部组对九项指标实施情况的评分普遍分歧较大，标准差均大于11，每一项指标均有成员给出满分，除"民众尊崇法治"外，其余指标最低分均在60分以下。前两项指标，即"民主执政优化"和"建设法治政府"，内部组给出低分的评分理由主要是行政部门人员因违法违纪案件被查处的事例较多。

图6中，x轴为指标得分，即余杭区在各项指标所代表领域的表现情况，y轴为指标权重，即各项指标对"法治余杭"的重要性程度，两者的乘积代表该指标对余杭法治指数最终得分的贡献率。以权重7.5、得分77.5分为标准，如图6所示，将九项指标的分布分成四个象限，第一象限的指标权重和得分相对较高，贡献率也最高，该象限内的指标为"民主执政优化"和"司法公正权威"，应当维持。指标的权重和得分之间并不完全匹配，值得关注的是第二象限和第三象限内的指标，均是余杭法治建设中需要改善的方面，尤其是第五项指标"民众尊崇法治"，权重相对较高且改善空间较大。

本年度内部组最终总分为76.66分，与2013年相比有小幅下降，但自2011年以来的整体变动较为平稳（如图7所示）。

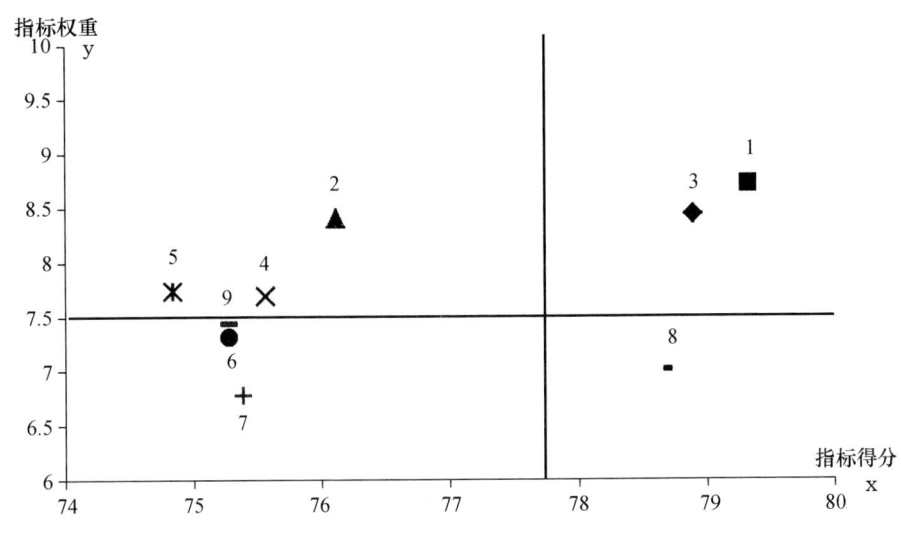

图6 2014年九项指标权重与评分二维坐标图——内部组

图7 2007—2014年内部评审组总分情况

（二）外部评审组的评审结果及其分析

1. 外部组评审人员构成与指标权重确定

外部组由不直接参与余杭党委、人大、政府以及司法机关工作，但知晓或者直接、间接参与，或者关注余杭法律事务的非政府组织、教育机构、新闻媒体、企业人员，甚至参与过司法诉讼的当事人代表组成。

人员构成更加多元，有利于全面地反映余杭的法治进程。打分情况如表 10 所示。

表 10　　　2007—2014 年外部评审组对九项权重平均赋分情况　　　单位:%

权重 年份	民主执政优化	建设法治政府	司法公正权威	法律服务完善	民众尊崇法治	市场规范有序	全面协调发展	社会平安和谐	监督力量健全	总权重
2007	9.28	9.28	9.00	6.78	7.72	7.50	7.17	7.22	8.89	72.84
2008	9.17	9.39	9.44	8.06	8.22	7.94	7.44	7.50	9.11	76.27
2009	9.00	9.17	8.89	7.89	7.61	7.56	7.78	8.06	8.72	74.68
2010	9.28	9.27	9.16	8.01	8.19	8.40	8.18	8.36	8.80	77.65
2011	8.64	9.08	8.75	7.62	7.63	7.46	7.98	7.72	8.31	73.19
2012	8.91	8.38	8.75	7.94	8.03	7.89	8.14	8.06	8.17	74.27
2013	8.79	8.65	8.96	7.94	7.85	7.35	7.74	7.68	8.17	73.13
2014	8.67	8.83	9.25	8.33	8.53	8.71	8.01	8.04	8.54	76.91

从指标权重来看，2014 年最为明显的改变是，得分最高的三项发生了变化，"民主执政优化"离开了前三的位置，取而代之的是"市场规范有序"，而该项在历年外部组评分中一直偏低，可见外部组对于提高民众法律素养和建设法治社会之间的关系有了新的认识。

2. 外部组评审指标实施情况分析

同样对外部组的评分进行一致性检验，SPSS 的输出结果见表 11。

表 11　　　　　　　外部组评分的检验统计量

N	20
Kendall W	0.192
卡方	30.711
df	8
渐近显著性	0.000

在 α = 0.05 和 α = 0.01 下，卡方值均大于卡方界值 $\chi^2_{0.05,8}$ 和 $\chi^2_{0.01,8}$，因此可以得出，外部组评分的一致性较强，信度较高。

对外部组评分的具体情况进行比较结果可见图8。

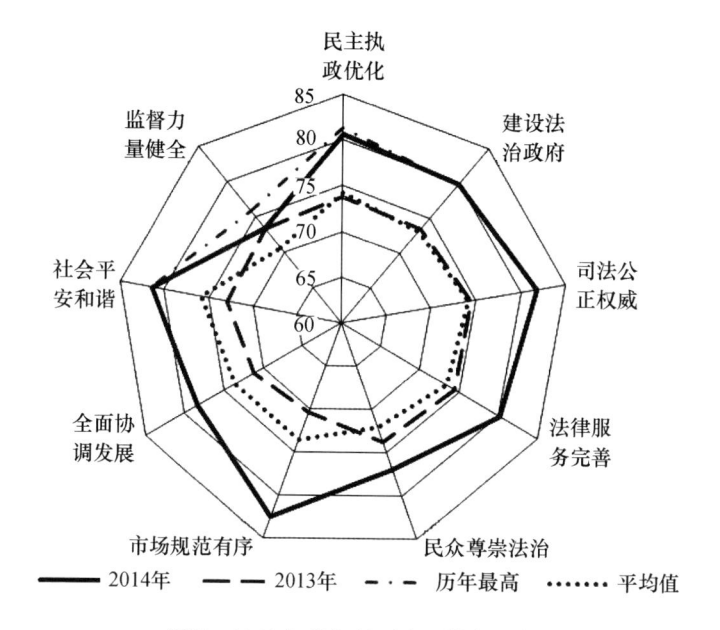

图8 2014年外部组对九项指标的评分情况

与内部组截然相反，外部组显然对2014年的法治状况更为乐观，除"监督力量健全"以外，其余八项指标均达到或接近八年来的最高水平。得分最高的是"市场规范有序"，该项得分相比2013年有了大幅提高，提高了将近12分。该项得分在历年评分中一直较低，而2014年不仅扭转了持续下滑的趋势，反而一举成为最高分。得分最低的是"监督力量健全"，该项是所有单项中比上年提升幅度最小的，说明让社会感受到监督机制的完善还需要做更多的工作。总体来看，2014年的得分相比2013年有了全面提高，九个单项得分全部高于2013年，说明外部组对2014年余杭的法治状况整体上给予了肯定。

图9同样以权重7.5、得分77.5分为标准，将九项指标的分布分成四个象限，可以看到相对于内部组，外部组对各项指标的表现明显更为乐观，所有指标均分布在第一象限和第二象限，其中贡献率最高的是指标三"司法公正权威"和指标六"市场规范有序"，值得改善的是指标九"监督力量健全"和指标五"民众尊崇法治"。

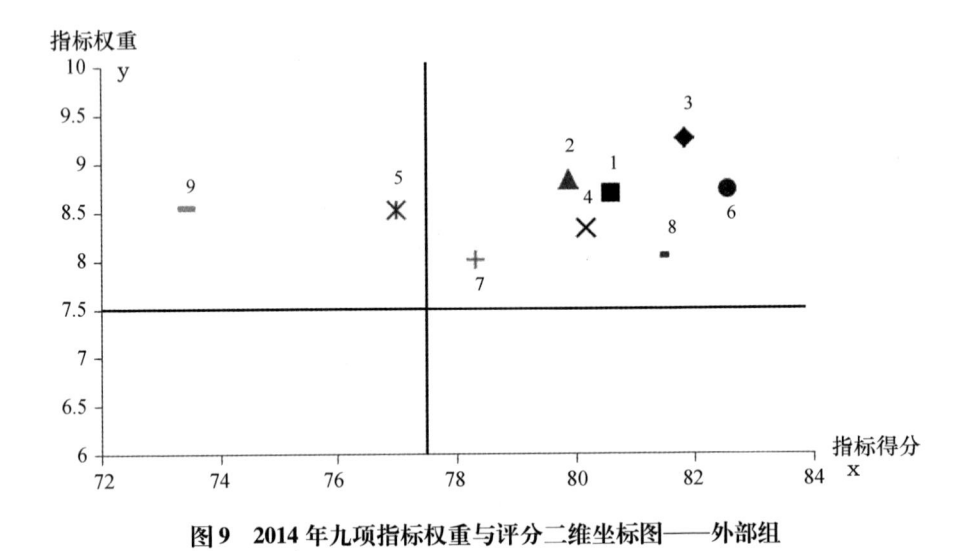

图9 2014年九项指标权重与评分二维坐标图——外部组

2014年度外部组最终打分为79.50分。2014年度的平均得分不仅扭转了2010年以来总体下滑的趋势,更成了历史最高分(见图10),说明外部组认为,2014年余杭的法治状况相比历年有了较大改善。

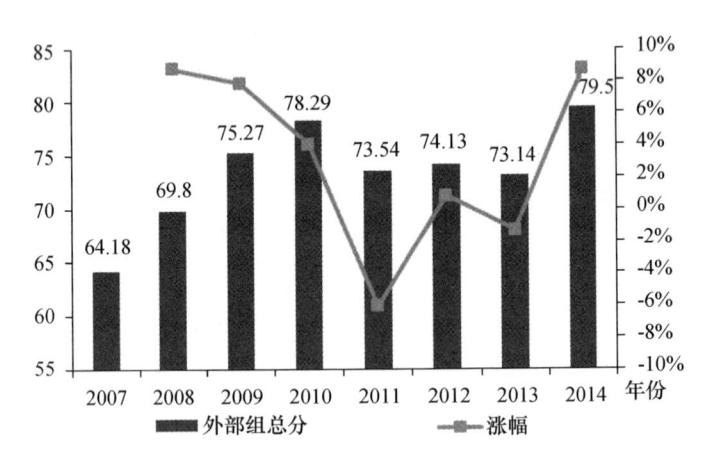

图10 2007—2014年外部评审组总分情况

(三) 内外组评估结果的比较

将2014年内部组和外部组的评分状况进行对比,可以看出两组的打分存在着较大的差别。和2013年相比，内部组对于2014年的评分总体较低，而外部组的打分却远超2013年，但无论是内部组还是外部组，从分数的绝对值来看，分数较高，说明尽管观察角度不同造成了内、外部组结果的差别，但总体上来看两组对于余杭的法治状况都是持肯定态度的。而两组评分有一定差异，说明对于余杭的法治状况研究要尽可能地从不同角度观察，才能得出更为全面、客观的结论。

从两组权重给分的对比可以看出，两组都给了"司法公正权威"较高的权重，这说明两组对从制度上保证司法的公正是建设"法治余杭"的关键达成了共识，只有司法系统本身的公正性得到了保证，才有可能保证"建设法治政府""民众尊崇法治"等目标的实现。

值得注意的是"市场规范有序"指标，在外部组评审中得到了82.56的最高分，而内部组却只给出了75.28分，在自评中也由于"诚信守法企业"达标企业培育质量有待加强而扣去了2分。由此可见，市场监管者与市场主体的感受显然不同，作为监管者可能更多地接触到市场中的不规范现象，因此对该项评价较外部组更低。

四 专家组评审分析及余杭法治指数的计算

（一）专家组评审情况

2014年，课题组在对内部组和外部组数据采样的基础上，邀请9名有较高知名度的法学家参与评审。相较于群众满意度调查的纯主观感受和内部评审组的自评色彩，专家评审组作为独立的第三方，立场更为客观，评分也具有权威性和公信力。

具体操作中，专家们根据民意调查结果、内外评审组的最后打分和意见反馈，以及余杭有关部门提供的当地法治建设详细陈述，就余杭法治状况9个指标项分别给出权重值和评分，对评分进行处理后，最终得出各指标的平均值以及专家组对余杭法治情况的总评分。专家组对2014年余杭法治情况的总评分为73.02分。

(二) 专家组评审结果分析

相较 2013 年的 69.11 分,2014 年专家组对余杭法治情况的总评分有较大幅度的提升。2014 年专家组评分情况如图 11 所示。

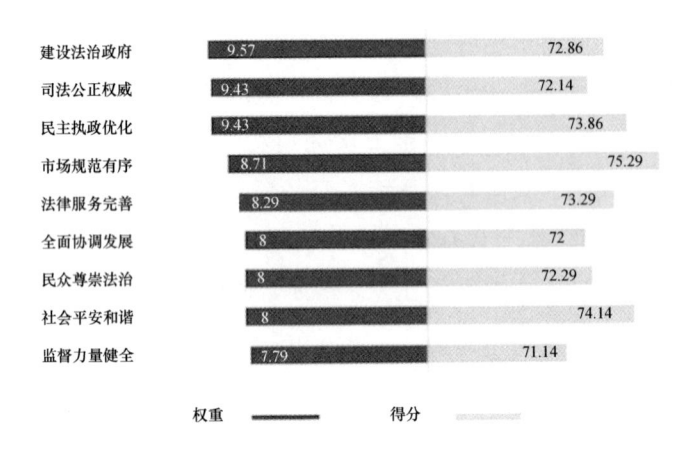

指标	权重	得分
建设法治政府	9.57	72.86
司法公正权威	9.43	72.14
民主执政优化	9.43	73.86
市场规范有序	8.71	75.29
法律服务完善	8.29	73.29
全面协调发展	8	72
民众尊崇法治	8	72.29
社会平安和谐	8	74.14
监督力量健全	7.79	71.14

图 11　2014 年专家组对九项指标的评分情况

2014 年各项指标权重值最高的前三项分别为"建设法治政府""司法公正权威""民主执政优化",与内外组权重给分情况基本一致。就单项指标得分而言,尽管"市场规范有序"较 2013 年的 77.88 分有明显下降,该项指标依旧是 2014 年得分最高的一项。此外,"社会平安和谐"同样也得到了专家组的认同,得分较 2013 年的 63.13 分增长明显。

针对以上情况,专家们在评分理由中也给出了较为详细和深刻的论证。有专家对余杭 2014 年度的法治建设成果予以肯定,如在个人权益维护方面有显著改善,在深化全民法制教育方面有很多新举措新经验可总结推广。而在得分最低的"监督力量健全"指标上,有专家提出建议,在如何构建监督体制方面,可从以权力制约权力和以社会权利制约国家权力两条线出发。

五 2014年度余杭法治指数的计算

2014年度余杭法治指数在民意调查、内外组评分和专家组评审后,最终借助科学设计的统计模型,得出2014年度的余杭法治指数为74.01分。具体计算过程如下:

余杭法治指数的计算公式:

$$\bar{\bar{s}} = \sum_{j=1}^{9} \bar{\bar{w}}_j \tilde{s}_j$$

通过上述公式可分别计算出内部组、外部组以及专家组三部分的最后法治指数分值,结合民意调查分值,计算出余杭法治指数最终分值。图12清晰地显示了这个计算过程。

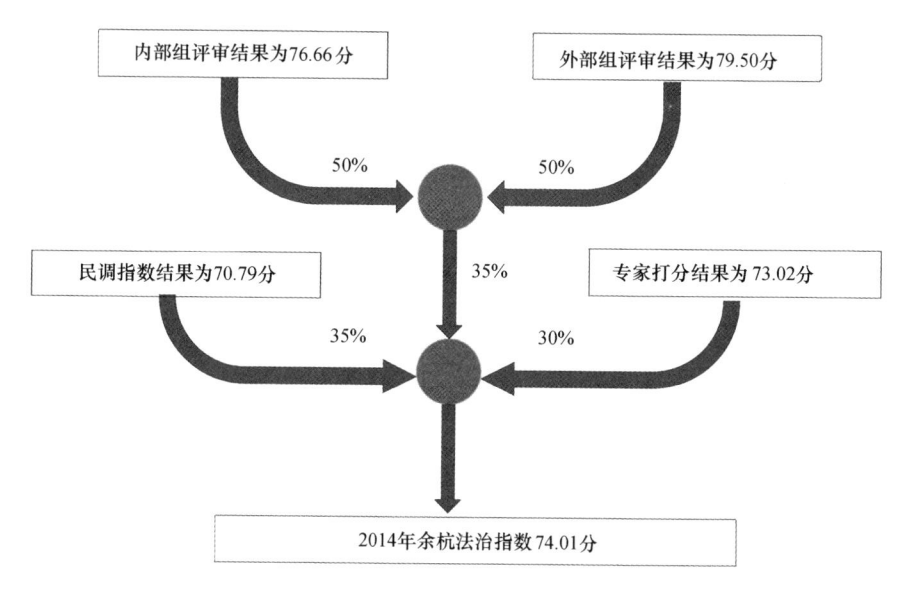

图12 余杭法治指数计算模型

各部分的分值在余杭法治指数最终分值中所占比率分别为:民意调查得分占35%,内部组与外部组的评分共占35%,专家组的评分占30%。

将2014年余杭法治指数和历年指数得分作比较,可得图13。

图 13　历年余杭法治指数折线图

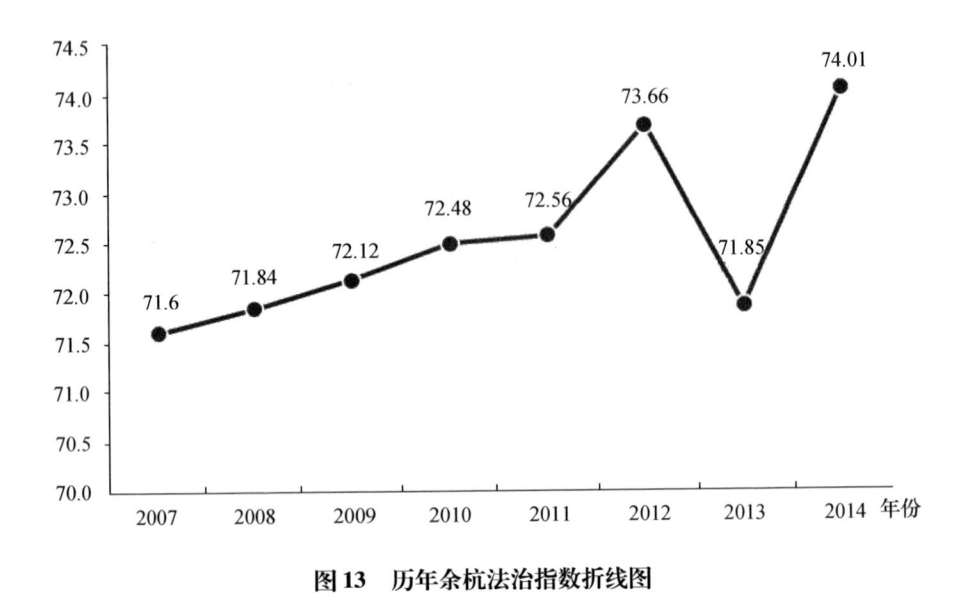

从得分情况看，余杭法治状况自上一年度打破稳步上升态势首次出现下滑之后，2014年实现指数的反弹，且再创新高，近三年指数移动平均值也突破往年表现，可以说，余杭总体法治发展步上了一个新台阶。

六　问题与建议

（一）"行政机关败诉的案件数"激增和"行政部门工作人员重大违法乱纪案件数"仍然高位运行

1. 原因分析

在具体数据和各个组别均对司法公正持很高评价的前提下，对"行政机关败诉的案件数"激增和"行政部门工作人员重大违法乱纪案件数"仍然高位运行的现状，根据案件来源调查，合理的解释是行政机关自身及外部环境存在问题。具体而言，这些问题可以分为重大项目推进产生争议，行政执法在程序和实体方面存在违法之处，以及具体工作人员的违法乱纪行为三个方面。

（1）争议的产生与重大项目推进密切相关。余杭区作为三面拱卫主城的新兴城区，承载了杭州大量的重点项目建设重任，如闲林水库工程、杭州未来科技城项目、乔司国际商贸城等。这类重大项目往往涉及审批、立项、规划、拆迁许可等多项具体行政行为，并且都涉及拆迁行为，由此就会引发公共利益与个人利益的冲突。如 2014 年上半年，涉及闲林水库工程项目的行政诉讼案件就高达 35 起，均是拆迁问题引起的诉讼。

（2）个别案件的行政行为存在严重的程序问题，如房屋行政强制拆除引发的 16 起行政诉讼和未履行法定职责的 3 起诉讼主要涉及行政机关程序违法问题，部分街道办事处未依法对建筑物进行认定、处罚就直接以违法建筑予以拆除，甚至未履行基本的告知、听取意见等义务，就越权强行拆除私人合法房屋，剥夺了当事人知情权、参与权，削弱了执法公信力。

（3）具体工作人员存在违法乱纪行为。在 2014 年 13 起案件中，共有 11 件涉及违法，2 件涉及违纪，违法占据绝大多数的比例。其中，违法方面，受贿案件共计 8 件，贪污案件和滥用职权案件共计 3 件，包括政府部门工作人员和街道工作人员贪污受贿和滥用职权等。

2. 完善建议

（1）针对行政执法在程序和实体方面存在违法之处的完善建议。

表 12　　　　　　　　余杭区 2014 年行政败诉案件细分

案件类型	败诉主体	败诉原因
房屋行政强制拆除	部分街道办事处	未出具书面限期强制拆除决定、限期拆除通知等依据，未告知房屋所有权人依法享有的权利、救济途径并听取当事人的陈述和申辩，亦未履行送达、催告、公告等法定程序
政府信息公开	某街道办事处、部分局	未履行审核义务乱答复（街道办事处）、未尽检索义务消极答复（某局）、未针对申请内容进行答复（某局）、错误适用法律依据答复（某局）
未履行法定职责	某街道办事处、某局	某街道办事处并不负责城市危险房屋管理工作，亦不具有申请房屋安全鉴定的主体资格，该街道办事处自行申请对涉案房屋予以安全鉴定并在无法定依据亦未经原告同意的前提下，对涉案房屋实施强制拆除，显然属于超越职权

续表

案件类型	败诉主体	败诉原因
治安行政传唤	某局	被告在传唤证记载的原告到案接受询问时间3小时后才首次持证传唤原告。该传唤证已明显丧失特定的时间效力。被告持丧失时间效力的传唤证传唤原告到案接受询问，具有重大且明显的违法性
治安行政处罚	某局	某局未充分考虑原告违法行为的起因及损害后果等裁量因素，对原告殴打他人行为的一般情节予以量罚，做出行政拘留5日并处罚款200元的处罚，明显存在过罚失当

经过实际调研，如表12所示，我们发现行政主体败诉的主要原因首先是对相关法律掌握不全面、不深入，导致存在违法或者不妥行为。例如，在当事人申请信息公开案件中，一些当事人申请两个或多个信息公开，行政机关只公开一个，遗漏其他公开内容，或者在公开主体的表述上，用内设机构作为公开主体，出具的正式文件没有文号、内容上没有告知权利等。其次，个别案件的行政行为存在严重的程序问题，如部分街道办事处未依法对建筑物进行认定、处罚就直接以违法建筑予以拆除，甚至未履行基本的告知、听取意见等义务，越权强行拆除私人合法房屋；又如拆迁人未通过摇号方式产生评估机构，也未征求被拆迁人（户）的意见，径自指定评估机构，或者评估报告未经被拆迁人签名确认其真实性，未经公示，当被拆迁人对评估报告提出异议时，未依法进行复核、鉴定或重新评估。上述不规范的执法情况，剥夺了当事人知情权、参与权，削弱了执法公信力。此外，受办案压力的影响，行政机关在部分案件中对相关法律程序的掌握和运用存在一定问题。这一点在存在巨大执法压力的公安机关有所体现。据了解，余杭公安分局2014年共处理行政案件总计40余万起，行政拘留6000多人次，刑事拘留3000多人次，某些案件（如赌博案件）涉及多人，24小时之内依法完成全部法律程序和文件，客观上的确存在一定的困难。这些客观困难导致余杭公安分局在一起案件中，"传票"的实际送达时间晚于书写的时间，法院判决行政主体败诉。

针对上述原因，笔者认为，首先，行政机关应加强学习，司法机关应做好相关的预防和协解机制，这也是解决行政机关败诉的最有效方法。据调研得知，余杭区人民法院和政府在这两方面做了大量工作，并取得了良好的效果。例如，2014年余杭区人民法院做出了《关于为区"五水共治"工作提供司法保障的实施意见》，严格依据相关法律、法规的规定，提示政府在"五水共治"工作中应注意的问题，取得了良好的效果。又如余杭区人民法院2013年年末做出的《关于为"三改一拆"工作提供司法保障的实施意见》，要求有效预防和化解涉"三改一拆"行政争议。再如，在2014年的两起拆迁行政强制案件中，从妥善化解社会矛盾、加强政府法治意识的角度出发，按照有关规定发出《告知函》，要求政府相关部门积极主动化解纠纷，不但使当事人撤回起诉，直接避免了两起行政诉讼案件，而且使整个工作都在法制轨道上运行。

其次，建立并完善行政首长出庭应诉的机制可以倒逼行政机关严格依法行政。行政首长出庭应诉具有多方面的价值，除了有利于行政首长了解情况和消解原告的对抗情绪外，另外一个重要功能是倒逼行政机关在执法过程中，在实体和程序两个方面严格执行相关法律规定，并重视通过规范、人性的执法手段实现良好的社会效果。

最后，行政机关要严格按照法律规定的程序履职。例如，在涉及具体项目建设时，对确定项目性质为公共利益、确定房屋征收评估机构等程序瑕疵较多的问题，要加强研讨，加大释明工作力度，尤其是要依法履行告知义务并积极吸纳群众的意见以获取群众的支持。如在确定房屋征收评估机构时，拆迁人应事先征求当事人的意见，如未能达成一致意见，应按照《杭州市区征收（用）集体所有土地房屋拆迁服务工作管理办法》第十三条第二项的规定公开摇号产生评估机构，在评估报告送达之后，拆迁人应积极听取当事人的意见，并依照《杭州市征用集体所有土地房屋拆迁争议裁决办法》第十五条第三款的规定予以复核、鉴定或重新评估。同时，对法律、法规或者其他规范性文件未做出具体规定的，行政机关应遵循正当程序的要求合理行政，做到过程公开、程序正当，切实维护当事人的知情权、参与权、监督权。

(2) 针对具体工作人员违法乱纪行为的完善建议。

根据调研得知，具体工作人员的违法乱纪行为，包括街道工作人员侵占公司财产、公安派出所工作人员滥用职权等。所涉案件大部分为市里交办的。2014年，余杭区被追究刑事责任的行政机关干部工作人员只有6人（贪污贿赂犯罪方面和渎职侵权犯罪方面分别有3人），只占全部38人的15.8%，由此可见，余杭区的国家机关工作人员的职务犯罪率并不高。

针对上述情况，笔者认为，关键是加强和完善相关的制度建设。如2014年检察院在办案过程中，发现全区直管公房管理相当混乱，就根据实际情况出台了检察建议，从而引起了区领导的重视，在全区范围内进行了专项治理，并推动制定了《余杭区直管公房管理办法》，改变了以前管理混乱的情况，从根本上杜绝了犯罪的土壤。同时，要加强犯罪预防，应重点加强和完善职务犯罪专项讲座、组织相关行政机关工作人员参与庭审和参观警示教育基地，做好行贿犯罪案件档案管理工作等。

（二）成年人犯罪人数高位运行

1. 原因分析

（1）流动人口数量庞大，流动人口占犯罪的主要部分。余杭区位于浙江北部，从东、北、西三面成弧形拱卫杭州中心城区，与主城区接壤范围较广，城乡接合带偏多。特殊的地理位置加上近年来不断加快的经济社会发展速度，使流动人口不断增多。本地人与外地人高度混合，关系复杂，矛盾多发，社会管理难度加大。这一特点决定了诱发犯罪的因素较多。从这个角度来讲，余杭区成年人犯罪人数高位运行具有客观原因。根据调研得知，2014年余杭区外来人口112万余人，办理暂住证95万余人，但实际数量至少要相当于这个数字的120%左右。2014年，流动人口涉嫌犯罪共计1789人，占全部涉嫌犯罪人数的74.89%。

（2）与2014年公安机关侦破的案件类型有关。例如，余杭区公安部门2014年成功破获"3·22"制贩枪支案，抓获团伙成员11名；5月10日，余杭中泰及附近地区人员规模性聚集涉嫌聚众扰乱公共秩序、妨碍公务和寻衅滋事案件中，公安机关对53名涉嫌犯罪的嫌疑人进行刑事拘留；10月23日凌晨对部督"1040"特大传销案集中收网，一举抓获传销头目和参与者449人，其中刑事拘留52人、取保候审3人。仅这三起案件，犯罪嫌疑人（罪犯）达120人，其中绝大多数为流动人口。

（3）本地成年居民犯罪率较低，并且涉嫌犯罪类型较为固定。2014年，本地成年居民涉嫌犯罪共计597人。其中，涉嫌的犯罪类型主要包括：涉嫌交通肇事的犯罪，共计216人；涉嫌危险驾驶的犯罪，共计189人；涉嫌赌博的犯罪，共计88人；涉嫌盗窃犯罪，共计61人；涉嫌毒品犯罪，共计29人；涉嫌其他类型犯罪，共计14人。

2. 完善建议

（1）重点加强外来人口的管理工作，重视外来人口的法治宣传教育工作。继续加强基层综治网络与基层党建网络"两网合一"的工作，实现社会管理服务网络全覆盖，推动社会服务与管理向末端延伸，从而实现把矛盾化解在基层、问题解决在基层。继续实施按照"党建主导、专人牵头、多方参与"的原则配置网格人员和力量。以村（社区）班子成员、党员骨干和村（居）民代表、组长为基础力量，负责牵头、组织、协调网格具体工作和片区内民情联系走访活动；以区级部门、镇（街道）驻村（社区）党员干部为指导力量，负责进行业务指导、加强管理和强化服务；以镇（街道）巡防、城管、劳保等为专职力量，从事专业工作和问题的处理；以村（社区）各类平安议事会、妇女劝导队、"和事佬"、义务监督员、平安志愿者、流动人口骨干分子等为辅助力量，开展义务巡逻、调解、帮扶等组团服务工作。此外，针对外来人口成年人犯罪较高的问题，应积极探讨与企业联手、依托企业管理平台，进行普法宣传教育活动，并利用"外来务工人员之家"等公益平台，进行针对性宣传教育活动。

（2）继续加强防控体系建设。首先，继续加强街面警力的投入，2014年年末建立了一支PTU（快速反应机动队，下设5个中队，人员包括40位民警和500名协警，配备20台车辆），并在主要街道和主要乡镇实现24小时不间断巡逻，有效提高对犯罪行为的威慑力。同时，政府应继续加强物质投入，在已经安置社会监控设备10000多处的基础上，全面加强监控设备的安装及运行管理，全面实现在群众报警的同时，打开设备并切入到报警现场，做好预判和现场取证工作，从而有效打击犯罪。

（3）创新法制宣传教育形式，针对实际问题，进行针对性的普法宣传教育活动。例如，余杭区本地人口的成年人犯罪率并不高，并且侵财类犯罪较少，酒后驾车等不良习气是导致犯罪的主要原因，同时，毒品类犯罪（特别是新型毒品）案件上涨较快。应针对这种情况，结合"打造一条普法旅游线路、增设一批媒体普法专栏节目、培育一批特色法治文化品牌、建设一批普法悦学点、完善一批法治体验点"工作，重点加强相关内容的法律宣传教育活动，以警示性和说明性内容为主、以维权性内容为辅。

（三）区人大代表提出议案建议数相对较低

1. 原因分析

通过调研得知，2014 年代表提出的建议数虽然在历年当中最低，但质量较高。2014 年的议案建议共包含基础设施、生态发展、民主法律、乡村建设等方面，涉及 41 个部门，共有 54 个部门协办，并要求在三个月予以答复。至 6 月 16 日，达到"满意"的有 183 件，基本满意 40 件，不满意 11 件；品类上 A 类 72 件，B 类 128 件，C 类 31 件，无法解决的只有 3 件。对于议案建议数量降低的原因，主要有以下三点。

（1）最关键的因素是 2014 年对代表建议进行规范。为提高议案建议的质量，余杭区人大常委会组织全体代表进行会前视察、调研，走访选民，要求代表提出议案建议时一定要深入调研，并建议乡镇人大常委会对代表建议进行规范，要数量更要质量。

（2）一段时间内代表的关注点比较集中，前两年涉及的许多问题已经得到解决结果（可以解决或者无法解决），代表们在相关领域的议案建议数量就会明显减少。

（3）惯性因素。通常来讲，新代表当选以后，其参政议政的积极性往往较高，因此往往是换届的当年和第二年代表提出的议案建议数量相对较多，第三年以后数量一般来讲相对较少，而 2014 年正处于这一阶段。

2. 完善建议

（1）把好代表的入口关。代表素质存在不平衡的现象，如"哑巴代表"。一些代表，如企业代表，对于当选人大代表相当积极，但其履职情况往往较差，应重点把好入口关。

（2）根据实际情况，加强对代表的教育和培训。如换届之年应主要进行基本法律培训，后面培训的重点是提高其履职能力，巩固一季一讲以及与人大工作主题相关的法制讲座工作。

（3）为代表搭建履职平台，并根据实际情况选取代表主题活动。对于前者，余杭区2013年试点代表联络站，2014年全面推开，目前已建立101个联络站，总体运作效果较好。对于后者，余杭区人大已经组织了三届，2014年的主题是"环境治理"，4月告知代表，5月开始集中活动，代表的参与度、社会关注度都非常高。

（4）完善对代表履职的保障。在经费保障方面，区级代表每年为1200元。由于乡镇人大代表每年都要参加二三十次活动，但根据中央八项规定，乡镇街道代表的活动补贴没有予以发放，在客观上一定程度地影响了代表履职的积极性。

2015年度余杭法治指数报告[*]

钱弘道　谢天予　莫张勤　郭人菡　康兰平　刘　澜

摘　要　2015年度余杭法治指数评测通过民意调查、司法系统内部组评估、外部组评估、专家组评审四个方面相结合的方式，根据一定的统计和数据分析方法计算得出2015年度余杭法治指数。数据表明，在党的十八届四中全会提出全面推进依法治国的大环境下，2015年余杭法治建设总体上有了明显的提升，表明各方建设"法治余杭"的共同努力有了成果。经过进一步分析，本文对指数所反映出来的各种问题进行了较为全面的分析，这对余杭今后的法治建设工作有较好的参考意义。

关键词　法治指数　依法治国　法治评估

作为余杭区法治状况的年度体检，余杭法治指数的评估实践已经进入了第九年。在这九年期间，法治指数的测评结果成为余杭法治社会建设的一面镜子，已体现出其重大意义：第一，通过法治指数的评估，寻找余杭地区法治发展中的问题，指导并推动余杭地区有针对性地解决法治建设的症结，并为全国地方法治建设提供参考和借鉴；第二，拓展民众参与法治实践的平台，监督公权力，提高政府官员和民众的民主法治意识，提升法治文明水平；第三，通过研究余杭个案经验，寻找法治发

---

[*] 本文系"'2011计划'司法文明协同创新中心"研究成果，教育部哲学社会科学研究重大课题攻关项目"中国法治政府建设指标体系研究"（13JZD011）、国家社会科学基金重点项目"司法透明指数研究"（13AFX012）、余杭区委区政府委托项目阶段性成果。

展规律，创新法治理论，探寻中国法治发展的道路；第四，余杭法治指数及其引发的一系列法治实验和实践，凸显出法治理论的实践路径，促成了中国法治实践学派的产生，同时将进一步提升中国法学理论与法治实践结合的进程。

一　2015年度基础数据分析

基础数据是用来考察法治量化评估体系每一项指标整体情况的多个方面的量化数据，是内部组、外部组以及专家组评分时的重要参考依据。此外，基础数据能够直观地反映余杭法治实践的整体进度。因此，基础数据的搜集是整个法治指数评估工作的重要准备工作。

基础数据资料包括两方面：一部分是"法治余杭"的背景数据，因其统计相对客观，最能够反映余杭区社会法治发展的实际情况；另一部分是"法治余杭"的自评数据，它是余杭区有关部门根据评估体系进行自评得出的数据。

（一）2015年"法治余杭"背景数据分析

法治指数测评的基础数据是进行指数评估各个环节尤其是内外组、专家组评审的重要依据。基础数据包括历年的背景数据对比以及各相关机关的自评数据。这一部分数据最具有年度的连续性和对比性。由于"法治余杭"的背景数据繁多，限于篇幅，本节仅选取最直观的四组数据进行比较分析。

1."完善民主政治"的相关数据

表1给出了余杭区2007—2015年在完善民主政治方面的完整数据。总体而言，2015年，市民和区人大代表提出的建议数连续三年出现下降态势，提案积极性降低，公民参加各类社团的积极性也有所降低。

首先，市民和人大代表的民主参与意识呈现下降趋势。其中，2015年余杭区市民向政府提出599件建议，在数量上相较2014年的630件有所下降，且与2012年及2013年的建议数相去较远；区人大代表提出议案建议数连续三年呈下降态势，达到历史最低值231件。其次，民主党派代表的比重有所上升。2015年，共产党代表人数和民主党派代表人数之比约为21.4∶1，相较2013年、2014年的24∶1有所下降，且达历年最低比值。这就意味着2015年民主党派的代表人数在总代表人数中的比重上升，且达历年最高，一定程度上体现了民主党派参政议政的热情，及其对完善民主政治发挥更为重要的作用。再次，2015年工人人大代表和农民人大代表比重为41.90%，与2012年、2013年和2014年相比，变化幅度不大。最后，公民参加各类社团的热情有所下降。2015年，余杭区公民参加各类党派和社团的数量为245个，与2014年基本持平，但人次有显著减少。2015年，参加人次为183145，相比2014年的242209人次，减幅明显。但总体而言，2015年的参加人次处于合理区间且要高于平均值，由此可以推测，在经过2014年的大幅度增长后，公民参加各类党派和社团的人次正逐步回归到一个较为稳定的发展阶段。

表1　　　　　　　　"完善民主政治"的部分相关数据

考评项目＼年份	2007	2008	2009	2010	2011	2012	2013	2014	2015
市民向政府提出的建议数（件）	679	719	287	265	254	846	804	630	599
区人大代表提出议案建议数（件）	331	306	292	250	236	329	287	234	231
公民参加各类党派和社团的情况	党派和社团146个，140405人次	党派和社团161个，142037人次	党派和社团215个，156349人次	党派和社团218个，158003人次	党派和社团224个，170271人次	党派和社团236个，182280人次	党派和社团244个，198840人次	党派和社团242个，242209人次	党派和社团245个，183145人次
共产党、民主党派人大代表人数（人）	203/7	203/7	200/7	195/5	192/5	194/8	192/8	192/8	193/9
工人、农民人大代表占比（%）	43.85	43.85	45.00	44.00	44.30	41.30	40.90	41.40	41.90

2. "政府依法行政"的相关数据

"法治余杭"要求政府以身作则,维护法律的权威,营造出良好的守法氛围。2015年,行政机关败诉的案件数达到新高,共计23件,信访案件总数提升,共计53823件(见表2)。此外,行政部门工作人员的重大违法乱纪案件数得到控制,说明政府依法行政的觉悟在"法治余杭"进程中显著提升。

首先,"行政机关败诉的案件数"大幅增加,已连续两年增幅明显。2015年为23件,远超各年案件数,达9年最高值。其次,"行政部门工作人员重大违法乱纪案件数"降幅明显。2015年为7件,远低于平均水平,显示出一年来反腐倡廉政策的成效,体现了政府依法行政水平的提高。再次,潜在的行政机关败诉可能性依然较大。其中,在"引发行政诉讼的复议案件数"方面,2015年为26件,较2014年的36件(此前最高值)虽有所下降,但仍然处于高位,更绝对高于2012年的0件(此前最低值);在"信访案件总数"方面,2015年的53823件比2014年的48996件增加了9.85%,为历年最高值。经过调查显示,群众诉求主要集中在城建规划(含违法建设)、劳动保障、环境保护、征迁安置、交通管理、市场监管、房产管理等方面,约占信访总量的70%。此外,由新闻媒体、网络平台相继报道的电梯运行安全、危化品仓库储存等特别重大公共安全事件也引发了群众的广泛关注。最后,信访工作保持了较高的水准。在"信访案件结案率"方面,2015年为99.80%,保持了一直以来的高水平。在"引发重复信访的信访案件数占全部案件的比率"方面,2015年的数值为6.3%,远高于2014年的2.81%及2009年至2013年的低比率,经过调查发现,这主要是由于2015年增加了重复信访案件数的统计范围,2015年的重复信访案件数为3391件,包括来信、来访及来电数。而往年的统计中只包含来信及来访数,如果扣除2015年增加的来电数,则2015年的重复信访案件数(来信及来访)为744件,该部分引发重复信访的信访案件数占全部案件的比率为1.38%,要低于历年的比率。

表2　　　　　　　　　"政府依法行政"相关案件的数据

考评项目＼年份	2007	2008	2009	2010	2011	2012	2013	2014	2015
行政机关败诉的案件数（件）	2	3	2	4	1	0	3	13	23
引发行政诉讼的复议案件数（件）	6	6	9	19	6	0	7	36	26
行政部门工作人员重大违法乱纪案件数（件）	16	34	13	17	6	7	20	13	7
信访案件总数（件）	26031	39002	47413	49364	50061	48587	49576	48996	53823
信访案件结案率（%）	99.70	99.80	99.13	99.80	99.80	99.80	99.80	99.80	99.80
引发重复信访的信访案件数占全部案件的比率（%）	16.85	9.90	3.43	3.06	2.83	2.79	2.60	2.81	6.30

3. "司法公平正义"的相关数据

由表3可以看出，在"司法公平正义"方面，2015年余杭区的表现较为稳定，各项指标波动幅度较小。其中，人民法院一审通过调解结案的比例下降，二审改判率有所提高。抗诉率连续三年维持在"零抗诉"。

首先，2015年的法院一审案件数为19549件，虽然相比2014年的21941件有所下降，但依然处于高位，显示出法院较高的权威性。其次，案件抗诉率已连续三年为0，这充分反映了国家法律监督机关对法院依法裁判的高度认可。2015年的再审改判率降幅明显，表现了法院审判质量的提高。这两项数据也从侧面体现了余杭区司法公平正义的较高水准。再次，上诉案件率、二审改判率和上诉案件中改判、发回重审案件占当年结案数的比例变化幅度较小。其中，二审改判率有所提高，呈现出二审法院对一审法院的审判指导效果有所加强。最后，一审通过调解结案的案件比例下降，结合2015年的一审案件数分析，一审通过调解结案的案件数依然处于较高水平，显示出案件当事人对法院权威的认同。

表3   "司法公平正义"的相关案件数据

考评项目 \ 年份	2007	2008	2009	2010	2011	2012	2013	2014	2015
一审案件数（件）	6579	8223	10678	10023	10779	11764	12641	21941	19549
上诉案件率（%）	5.60	4.80	4.30	6.10	5.39	6.04	6.73	6.81	6.99
抗诉案件率（%）	0.05	0.01	0.01	0.05	0.02	0.02	0.00	0.00	0.00
再审案件率（%）	0.08	0.09	0.22	0.04	0.05	0.04	0.15	0.12	0.05
二审改判率（%）	5.40	6.00	8.80	7.50	5.80	5.20	8.23	6.30	7.73
上诉案件中改判、发回重审案件占当年结案数的比例（%）	0.24	0.27	0.24	0.39	0.44	0.21	0.47	0.60	0.46
一审通过调解结案的案件比例（%）	—	—	34.64	55.85	35.51	39.30	46.66	44.57	40.83

4."公民素质提升"的相关数据

由表4可以看出，在"公民素质提升"方面，2015年余杭区在多项指标上达到了历史之最。其中，万人律师比得到明显提高，达到了每万人拥有2.37个律师、法律服务工作者，是历年最高水平；民事案件、行政案件占比提高，刑事案件则占比减少，同时未成年人犯罪或违反治安管理法的人数减少至历年最低水平，18周岁以上犯罪人数较2014年明显降低，这说明在防止违法犯罪方面，公民的素质得到明显提升。

首先，2015年的万人律师、法律工作者比首次破2，创下历史新高，为2.37人，这一数字与余杭区的经济发展水平相对一致。横向比较，2015年的这一指标距离"全面小康社会"的考核指标，即每万人拥有律师不少于2.3人的目标已非常接近。其次，2015年的民事案件、行政案件占比提高，分别为65.00%和1.03%，达到较高值。由此可以推知，2015年刑事案件的占比达到最低值。最后，2015年的违法犯罪人数呈明显下降态势。其中，"14—18周岁犯罪人数"为76人，比2014年下降了25.5%，比2008年和2011年的154人（此前最高值），下降幅度高达50.6%，"不满18周岁组中每十万人违反治安管理法的人数"为5.24

人，比2014年下降了35.9%，比2007年的32人（此前最高值），下降幅度高达83.6%，这两项指标数据均达历年最低值，且要远低于历年平均值；2015年，18周岁以上的犯罪人数为1784人，相比2014年的2308人也有明显减少。由此可以看出，2015年，余杭区在公民素质提升方面取得了显著的进展。

表4　　　　　　　"公民素质提升"的部分相关数据

考评项目＼年份	2007	2008	2009	2010	2011	2012	2013	2014	2015
每万人律师、法律服务工作者人数（人）	1.29	1.34	1.33	1.47	1.29	1.91	1.53	1.77	2.37
民事案件占所有案件比率（%）	60.23	61.04	63.80	58.40	57.60	56.14	59.34	64.50	65.00
行政案件占所有案件比率（%）	0.68	0.40	0.37	0.39	0.25	0.34	2.93	0.79	1.03
14—18周岁犯罪人数（人）	133	154	124	112	154	150	139	102	76
不满18周岁组中每十万人违反治安管理法的人数（人）	32.00	18.00	11.54	13.46	13.36	17.02	14.41	8.18	5.24
18周岁以上犯罪人数（人）	1354	1554	1778	1358	2013	2368	2044	2308	1784

（二）2015年"法治余杭"自评

为更加准确、全面地掌握"法治余杭"的建设实效，余杭区在政府机关内部自我测评的基础上，进一步开展了"法治余杭"建设专项工作组的年度考评。为确保评审的中立性，这部分数据在法治指数测评时仅作为评审活动的参考，并不直接作为计算依据。

随着评估实践的具体操作和实施情况的深入，"建设法治政府"（指标二）、"民众尊崇法治"（指标五）的标准分自2010年开始分别从160分和100分调整为165分和95分，故表5仅对调整后的年度进行纵向比较。

表5　2010—2015年"法治余杭"考评各项指标实施情况的得分

序号	考评项目	标准分	2010年	2011年	2012年	2013年	2014年	2015年
1	推进民主政治建设，提高党的执政能力	110	82	79	105	87	95	95
2	全面推进依法行政，努力建设法治政府	165	129	137	151	141	120	133
3	促进司法公正，维护司法权威	130	130	127	114	125	130	115
4	拓展法律服务，维护社会公平	100	93	96	94	98	98	100
5	深化全民法制教育，增强法治意识，提升法律素养	95	86	88	89	90	93	93
6	依法规范市场秩序，促进经济良性发展	100	97	96	96	97	98	100
7	依法加强社会建设，推进全面协调发展	100	94	97	98	99	100	100
8	深化平安余杭创建，维护社会和谐稳定	100	100	100	96	100	100	98
9	健全监督体制，提高监督效能	100	98	98	98	98	98	98

综合2010—2015年各项指标的考评分可以看出：九项指标整体平稳并向好，前三项指标偶有大幅波动，其中2015年"建设法治政府"提升明显，这与余杭区政府始终严格贯彻实施宪法和法律的重要职责，规范政府行为，带头严格执法的努力是分不开的。相反，"司法公正权威"则下降明显，失分的主要原因是行政机关败诉案件数、信访案件数以及引发重复信访的信访案件数较多。司法公正是社会公正的底线，只有保证司法的公正权威，才能改善"信访不信法"的现状，在这一点上，余杭区的表现还有待提高。

由于上述数据主要来自政府机关内部的自我测评，相对来说客观中立性有所欠缺，为了保证法治指数评估的真实性和可靠性，下文将从民意调查、内外组评审及专家组评审等调查手段获取第一手数据，对基础数据所反映的情况进行更为客观具体的陈述和分析。

二 民意调查

(一) 群众满意度问卷调查

根据余杭区20个街道的人口数比例,本次群众满意度调查共发出问卷5600份,共计收回有效问卷5435份。在样本选择上,本着多样性、代表性、客观性的原则,课题组在街头、学校、行政服务中心等地发放问卷,选取了不同年龄、不同职业、不同文化程度的社会各阶层民众开展调研。调查对象组成成分如图1所示。

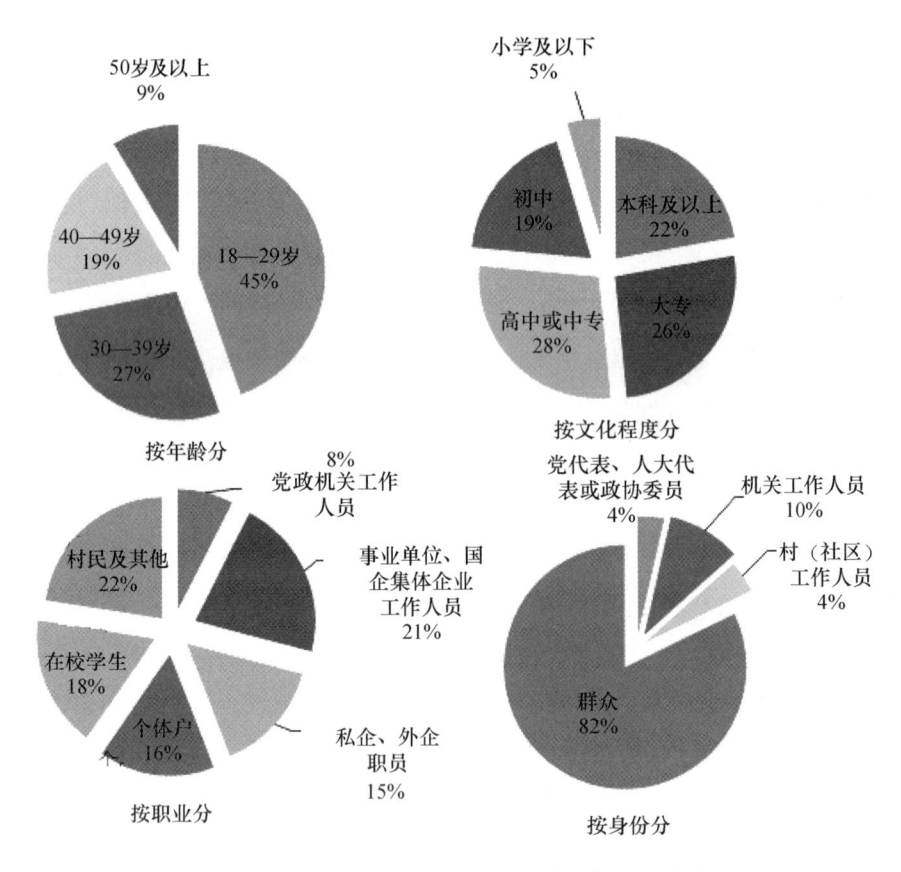

图1 2015年群众满意度问卷调查对象组成成分

调查对象中，男女比例为2909∶2526，约为1.15∶1，文化程度分布较为均衡，年龄以青壮年居多，40岁以下人员占72%。调查对象包含一定数量的党政机关工作人员，但群众比重达到82%，因此调查结果基本反映民意。

（二）调查结果数据分析

2015年"法治余杭"群众满意度指数为72.42分，各项得分情况及历年总分如图2、图3所示。

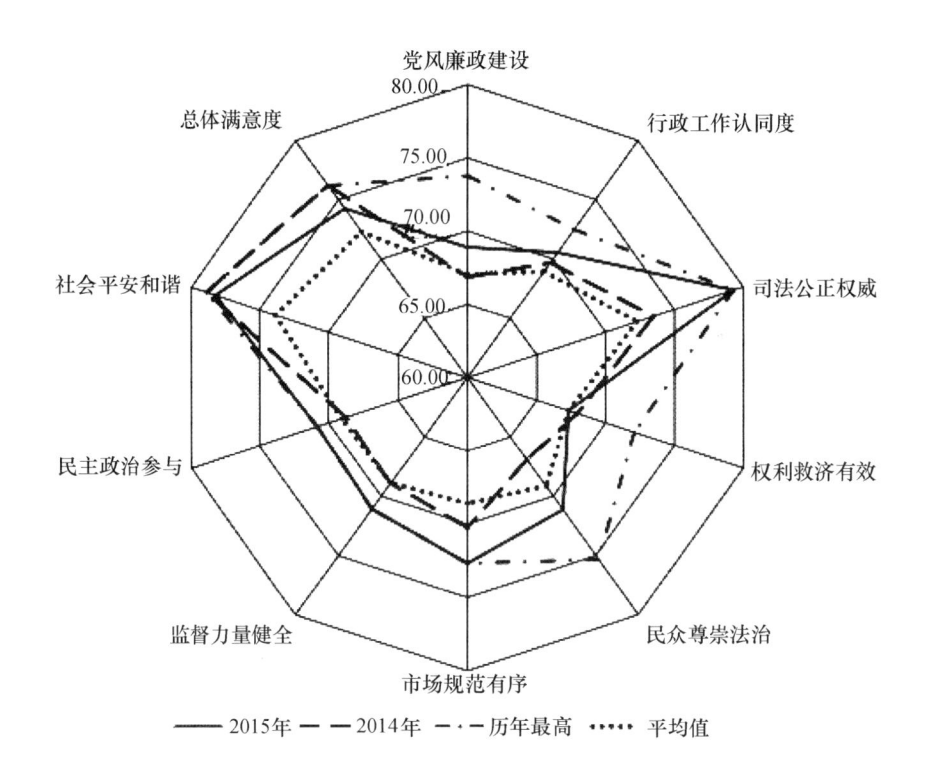

图2 2015年问卷调查十项得分情况示意

从总分来看，2015年群众对"法治余杭"的总体评价呈现出上升态势。"司法公正权威""民众尊崇法治""市场规范有序""监督力量健全""民主政治参与""党风廉政建设""行政工作认同度"多项指标较2014年均有不同程度的增长，其中"司法公正权威""市场规范有序"

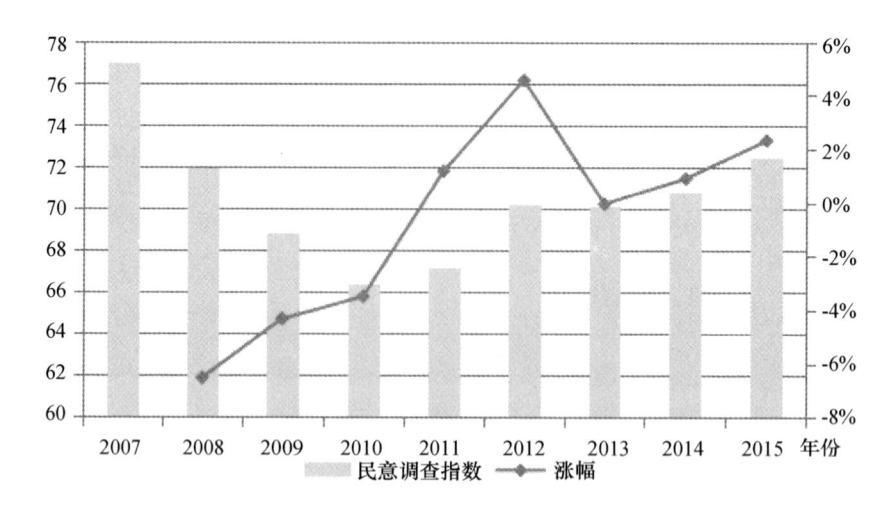

图3 历年民意调查得分情况

"监督力量健全"和"民主政治参与"四项指标达到八年来的最高水平，说明余杭当地公民对"法治余杭"建设总体较为满意，对司法公正和"平安余杭"的建设成果认同度较高。值得注意的是，"党风廉政建设""行政工作认同度"和"民众尊崇法治"三项指标仅略高于历年平均水平，"权利救济有效"这一指标甚至要低于历年平均水平，这说明2015年这几个方面的工作未得到群众很好的认同，还须改进。

三 内部评审组的评审结果及其分析

（一）内部组评审人员构成与指标权重确定

2015年内部组成员是从余杭地区的党委、人大、政府以及司法机构中直接参与法律工作的成员中，随机抽取20名人员组成的。权重的得分反映了内部组成员认为各项指标的重要性程度。权重最终得分情况和历年该项得分情况如图4所示。

比较各年度得分，2015年的具体分数与往年相比有一定变化。整体来看，指标权重得分波动较小，评审组在赋分上相对谨慎。分指标来看，以往权重较高的"民主执政优化""建设法治政府""司法公正权威"等指标权重有所下滑，而"社会平安和谐"则一跃成为2015年度内部评审

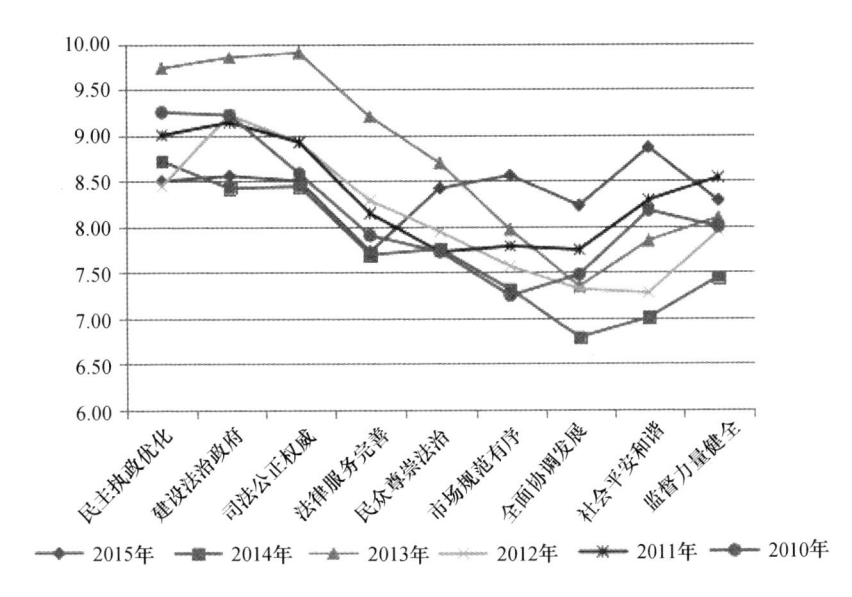

图 4　2010—2015 年内部评审组对九项权重平均赋分情况

组最重视的指标，指标六"市场规范有序"的权重绝对值也达到历年之最。说明法治状况中的市场因素和社会因素越来越发挥作用。

（二）内部组对各指标实施情况的评分及分析

对内部组评估的平均分值进行考察，可从两个角度进行：其一，通过对内部组单项指标得分进行分析比较，分析各目标项的发展状况；其二，分析内部评估总分值。

表 6　2015 年内部评审组对九项指标实施情况评分的统计情况

统计方式 指标	极小值	极大值	均值	标准差
民主执政优化	99	60	82.20	10.73
建设法治政府	95	55	81.95	9.76
司法公正权威	90	60	81.25	10.47
法律服务完善	95	50	77.95	11.17
民众尊崇法治	95	30	72.25	15.85
市场规范有序	100	50	77.05	12.33
全面协调发展	95	45	74.90	14.32
社会平安和谐	100	60	80.50	10.59
监督力量健全	95	60	81.80	10.90

内部组对评分的分歧主要在于"民众尊崇法治"和"全面协调发展",最低分出现在"民众尊崇法治"。

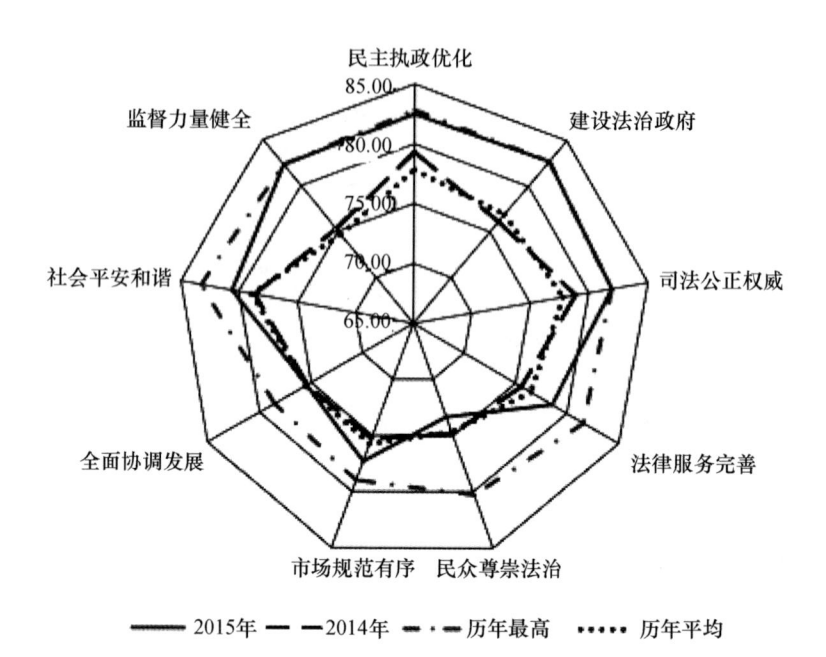

图5 2015年内部组对九项指标的评分情况

总体来看,2015年余杭法治指数九项指标的内部组评分较高,总分达到79.40分,与上一年相比有明显提升。2015年得分最高的是"建设法治政府",该指标与"司法公正权威""监督力量健全"均在本次内部组测评达到了历年最高分。九项指标中唯一较上一年度评分下降的是"民众尊崇法治",值得引起重视。

四 外部评审组的评审结果及其分析

(一)外部组评审人员构成与指标权重确定

外部组由不直接参与余杭党委、人大、政府以及司法机关工作,但知晓或者直接、间接参与,或者关注余杭法律事务的非政府组织、律师事务所、教育机构、新闻媒体、企业人员,甚至参与过司法诉讼的当事人代表组成。人员构成更加多元,有利于全面地反映余杭的法治进程。打分情况如图6所示。

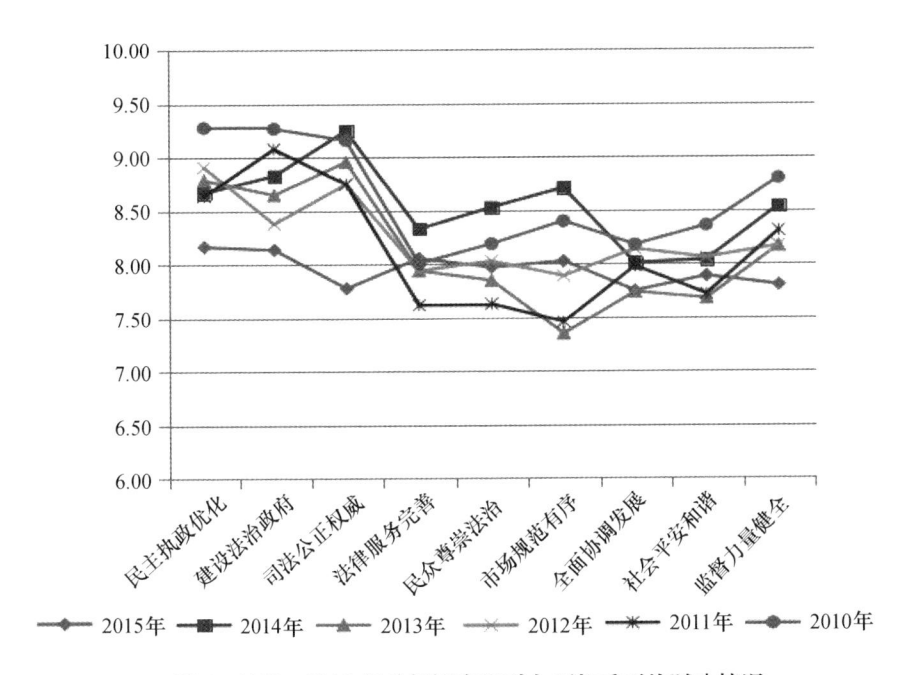

图6 2010—2015年外部评审组对九项权重平均赋分情况

外部评审组对指标权重的赋分变化与内部组相似,权重绝对值整体上在历年处于较低水平,尤其是前三项指标和指标九"监督力量健全"。从权重排名来看,最为明显的变化是指标三"司法公正权威"的地位有所下降,而该项在历年外部组评分中一直较高。

2. 外部组评审指标实施情况分析

对外部组评分的具体情况进行比较(见表7)。

表7　2015年外部评审组对九项指标实施情况评分的统计情况

指标＼统计方式	极小值	极大值	均值	标准差
民主执政优化	95	60	78.30	13.66
建设法治政府	95	60	76.25	11.92

续表

统计方式 指标	极小值	极大值	均值	标准差
司法公正权威	100	42	77.80	16.78
法律服务完善	100	50	77.35	12.41
民众尊崇法治	95	30	75.25	17.21
市场规范有序	97	60	82.65	10.23
全面协调发展	95	40	78.50	17.11
社会平安和谐	100	50	79.60	14.44
监督力量健全	90	60	72.75	10.89

外部组的评分分歧项较多。与内部组相同，标准差最大的两项指标是"民众尊崇法治"和"全面协调发展"，最低分同样出现在"民众尊崇法治"。

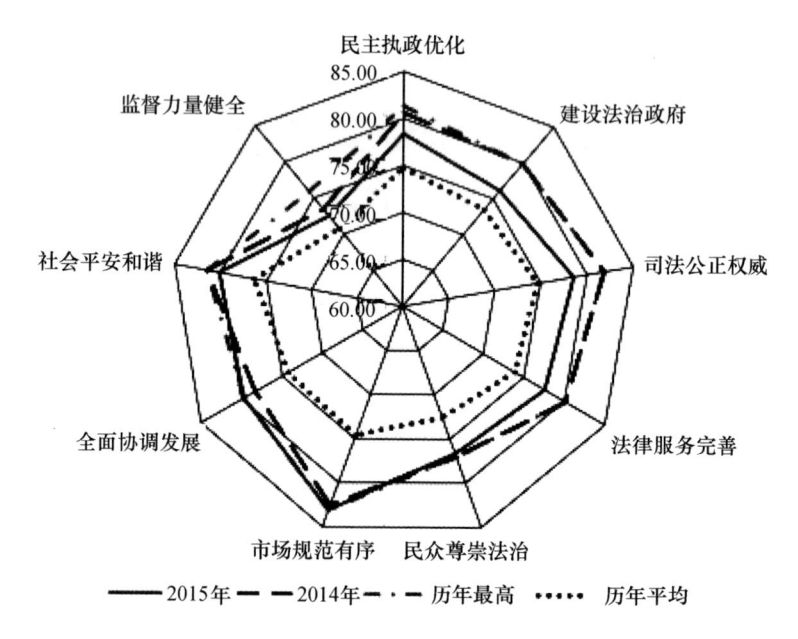

图7 2015年外部组对九项指标的评分情况

与内部组不同,外部组给出的高分偏向于"市场规范有序"和"全面协调发展"等指标,这两项指标也同时达到历史最高水平。在其他几项指标的给分中,外部组评分较上一年度均有不同程度的降低,其中得分最低的是"监督力量健全",说明让社会感受到监督机制的完善还需要更多的工作。总体来看,2015年外部组最终打分为78.09分,相比2014年略有下滑,但仍明显高于历年平均水平,说明外部组对2015年余杭的法治状况整体上给予了肯定。

五 专家组评审分析

(一) 专家组评审情况

2015年,课题组在对内部组和外部组数据采样的基础上,邀请9名有较高知名度的法学家参与评审。相较于群众满意度调查的纯主观感受和内部评审组的自评色彩,专家评审组作为独立的第三方,立场更为客观,评分也更具权威性和公信力。

在具体操作中,专家们根据民意调查结果、内外评审组的最后打分和意见反馈,以及余杭有关部门提供的当地法治建设详细陈述,就余杭法治状况九项指标分别给出权重值和评分,对评分进行处理后,最终得出各指标的平均值以及专家组对余杭法治情况的总评分。专家组对2015年余杭法治情况的总评分为75.98分。

(二) 专家组评审结果分析

相较2014年的73.02分和2013年的69.11分,2015年专家组对余杭法治情况的总评分再次出现较大幅度的提升。2015年专家组评分情况如图8所示。

2015年各项指标权重值最高的前三项分别为"司法公正权威""建设法治政府"和"民主执政优化",与往年权重给分情况基本一致。就单项指标得分而言,延续上一年的形势,"市场规范有序"指标依旧是2015年得分最高的一项。此外,"司法公正权威"和"民众尊崇法治"等指标也得到了专家组的认同,得分令人满意。

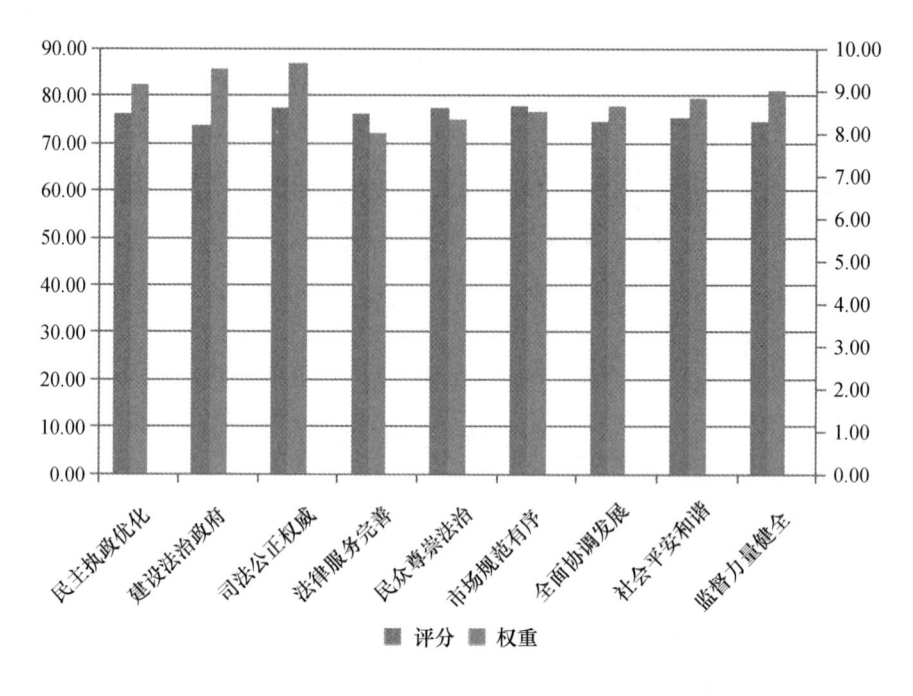

图 8　2015 年专家组对九项指标的评分情况

六　2015 年度余杭法治指数的计算

2015 年度余杭法治指数在民意调查、内外组评分和专家组评审后,最终借助科学设计的统计模型,得出 2015 年度的余杭法治指数为 75.70 分。具体计算过程如下:

余杭法治指数的计算公式:

$$\bar{\bar{s}} = \sum_{j=1}^{9} \bar{w}_j \tilde{s}_j$$

通过上述公式可分别计算出内部组、外部组以及专家组三部分的最后法治指数分值,结合民意调查分值,计算出余杭法治指数最终分值。表 8 清晰地显示了这个计算过程。

表8 余杭法治指数计算模型

组别		得分	权重	总分
群众满意度		72.42	35%	75.70
评审组	内部组	79.40	35%	
	外部组	78.09		
专家打分		75.98	30%	

各部分的分值在余杭法治指数最终分值中所占比率分别为：民意调查得分占35%，内部组与外部组的评分共占35%，专家组的评分占30%。

将2015年余杭法治指数和历年指数得分作比较，可得图9。

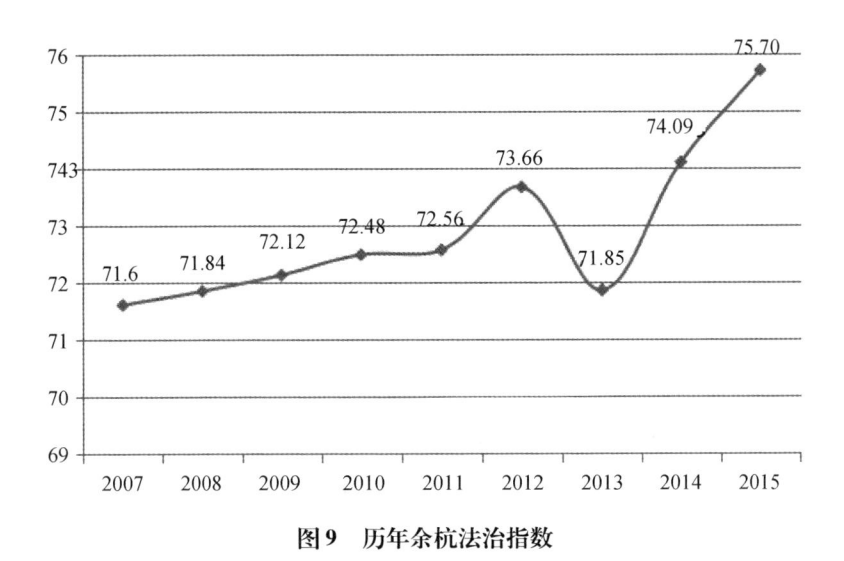

图9 历年余杭法治指数

从得分情况来看，余杭法治指数再次得到提升，可以说，2015年余杭总体法治发展步上了一个新台阶。

七 问题与建议

(一)"行政机关败诉案件"大幅增加

1. 原因分析

2015年,行政机关败诉的案件数达到新高,共计23件。随着"三改一拆""五水共治""两路两侧"专项整治等重点工作的推进,涉重点项目而衍生的各类行政纠纷不断增多。根据案件来源调查,行政机关败诉领域比较集中,且分布并不均衡。败诉案件类型集中于行政强制拆迁、政府信息公开、行政处罚、房屋行政登记及履职类五大类。行政主体败诉的最主要原因是对相关法律掌握不全面、不深入,导致存在违法或者瑕疵行为。数据显示,因违反法定程序导致败诉的行政案件占败诉案件总量的一半,这方面的败诉案件主要体现为强制拆除违法建筑时违反法定程序。

2. 完善建议

首先,对行政主体要加强法律指导和交流,定期开展行政机关、村社区干部如何依法行政的相关培训和研讨会。多数行政主体是由于对相关法律掌握得不到位,导致行为存在违法或者瑕疵而败诉。这就需要行政主体加强学习,提高自身法律素养,牢固树立程序意识,这样才能切实做到公正文明执法、依法全面履职。与此同时,要帮助行政主体加强讨论,对于一些典型的案件,可以形成行政败诉案件分析报告,帮助行政主体认识、总结、反思工作中的难点和问题,促进依法行政,推动建立更加和谐的行政关系。据调查显示,2015年,余杭区法院行政庭先后为区住建局、区公安分局等行政机关授课11次,围绕新行政诉讼法修订的理念与内容、行政机关在执法过程中应当注意的程序问题以及应对新法施行的建议等内容进行深入讲解,获得了行政机关的良好反响。

其次,要继续完善行政首长出庭应诉的机制。在新《行政诉讼法》已将行政机关负责人应当出庭应诉明确规定的背景下,余杭区的该项工作现状与法律规定之间仍存在差距,仍有较大提升空间。一方面,行政首长出庭应诉次数较少;另一方面,不能出庭应诉的也未尽说明义务。

行政首长出庭应诉具有多方面的价值：一是有利于行政首长了解案件相关事实；二是可以在一定程度上缓解原告的不满；三是形成一种倒逼机制，迫使行政机关在执法过程中，严格执行相关法律规定，采取更加规范的执法手段来化解矛盾，从而达到良好的社会效果。

（二）"市民向政府提出的建议数"相对较低

1. 原因分析

2015年市民提出的建议数相对较低，调查显示，原因有以下几个：部分市民觉得政府工作与其生活没有太大关系，觉得没有必要提建议；部分市民不知道向谁提建议或是由于自身水平所限提出一些没有实质意义的建议；同时，有些之前建议涉及的问题没有得到很好的解决，一定程度上也影响了市民参与的积极性。

2. 完善建议

首先，应加强对市民的宣传和教育。定期举办法律学习周，在增强市民基础法律知识的同时，提高他们的法律意识及认同感，呼吁他们积极行使自己的合法权利，为社会主义法治建设提供更多有质量的建议。

其次，做好建议反馈工作。对于市民的建议要及时反馈，合理的建议可以根据实际情况予以采纳，不合理的建议也要给予说明。条件允许的情况下，可以开展交流会，既能深入了解市民的需求，又能增进双方的理解，便于政府工作的开展。

最后，充分利用好互联网平台，做好信息公开及各部门间的信息共享工作。这样不但可以为市民提供更加便捷的建议渠道，还可以增强司法透明度，方便群众了解行政机关的相关工作，在激发他们提建议的热情的同时，无形中使建议更有针对性，能更好地帮助行政机关及时了解民意、纠正工作问题、提高办事效率。

（三）"权利救济有效"指标群众满意度较低

1. 原因分析

"权利救济有效"指标群众满意度较低，原因在于群众的一些诉求得不到满足、困难得不到很好的解决。调查显示，群众的诉求涉及领域十分广泛，主要分布在拆迁、劳动保障、医疗卫生、交通等方面。

2. 完善建议

公民权利救济，是公民权利保障的重要环节。党的十八届四中全会明确提出"健全公民权利救济渠道和方式"，并在立法、执法、司法、守法等法治工作基本格局上做了具体部署。其中，要求在司法领域，完善对涉及公民人身、财产权益的行政强制措施实行司法监督制度。完善人民陪审员制度，保障公民陪审权利，扩大参审范围，完善随机抽选方式，提高人民陪审制度公信度。加强人权司法保障。强化诉讼过程中当事人和其他诉讼参与人的知情权、陈述权、辩护辩论权、申请权、申诉权的制度保障。在执行环节，依法保障胜诉当事人及时实现权益。完善法律援助制度，扩大援助范围，健全司法救助体系，保证人民群众在遇到法律问题或者权利受到侵害时获得及时有效的法律帮助。这些都为行政机关做好公民权利救济工作提供了借鉴，具体而言，可以从以下三个方面着手。

首先，要增强公正司法权威，提高公信力。严格依法行政、坚决打击违法乱纪行为；坚持调判结合，妥善化解民商事纠纷；建立好行政案件的司法建议回访和反馈制度；利用好强制措施与信用惩戒手段，增强群众合法权益的执行兑现力度。

其次，增强便民利民服务。利用好服务热线，完善网站信息公开和共享，充分发挥律师、专家等具有专业法律知识背景人员的作用，综合运用微信公众号、微博等平台，及时了解和解决群众诉求。

最后，做好调研走访工作。根据实际情况，定期组织干警深入一线开展调研走访工作，深入了解民众需求，有针对性地推进权利救济工作的进行。

2016年度余杭法治指数报告[*]

钱弘道

摘 要 2016年度余杭法治指数评测通过民意调查、司法系统内部组评估、外部组评估、专家组评审四个方面相结合的方式,根据一定的统计和数据分析方法计算得出2016年度余杭法治指数为77.35分。数据表明,在党的十八届四中全会提出全面推进依法治国大环境下,2016年,余杭法治建设总体上有了明显的提升,表明各方建设"法治余杭"的共同努力有了成果。经过进一步分析,本文对指数反映的各种问题进行了较为全面的分析,对余杭今后的法治建设工作有较好的参考意义。

关键词 法治指数 法治余杭 依法治国 法治评估

"法治余杭"是法治中国的有机组成部分。2016年是全面推进依法治国的关键之年,是依法治国向依规治党深化的重要之年,也是余杭法治指数评估进入第十个年头的节点之年。在这十年期间,法治指数的测评结果成为余杭法治社会建设的一面镜子,已体现出其重大意义:第一,通过研究余杭个案经验,寻找法治发展规律,创新法治理论,探寻中国法治发展的道路;第二,通过法治指数的评估,寻找余杭地区法治发展

---

[*] 本文系"'2011计划'司法文明协同创新中心"研究成果,教育部哲学社会科学研究重大课题攻关项目"中国法治政府建设指标体系研究"(13JZD011)、国家社会科学基金重点项目"司法透明指数研究"(13AFX012)、国家社科基金项目"迈向价值法治的法治评估进路转型研究"(15CFX003)、余杭区委区政府委托项目阶段性成果。

中的问题，指导和推动余杭地区有针对性地解决法治建设的症结，并为全国地方法治建设提供参考和借鉴；第三，拓展民众参与法治实践的平台，监督公权力，提高政府官员和民众的民主法治意识，提升法治文明水平；第四，余杭法治指数及其引发的一系列法治实验和实践，凸显出法治理论的实践路径，促成了中国法治实践学派的产生，同时将进一步提升中国法学理论与法治实践结合的进程。

一 2016年度基础数据分析

基础数据是用来考察法治量化评估体系每一项指标整体情况的多个方面的量化数据，是内部组、外部组以及专家组评分时的重要参考依据。此外，基础数据能够直观地反映余杭法治实践的整体进度。因此，基础数据的搜集是整个法治指数评估工作的重要准备工作。

基础数据资料包括两方面：一部分是"法治余杭"的背景数据，因其统计相对客观，最能够反映余杭区社会法治发展的实际情况；另一部分是"法治余杭"的自评数据，它是余杭区有关部门根据评估体系进行自评得出的数据。从实际情况看，前期获取的基础数据基本能够满足评估需要。

（一）2016年"法治余杭"背景数据分析

法治指数测评的基础数据是进行指数评估各个环节尤其是内外组、专家组评审的重要依据。基础数据包括历年的背景数据对比以及各相关机关的自评数据。这一部分数据最具有年度的连续性和对比性。由于"法治余杭"的背景数据繁多，限于篇幅，本节仅选取最直观的四组数据进行比较分析。

1. "完善民主政治"的相关数据

表1给出了余杭区2008—2016年在完善民主政治方面的完整数据。整体来看，余杭区在"完善民主政治"方面平稳发展，个别指标有所波动。首先，市民的民主参与意识仍然保持较高的程度。2016年余杭区市民向政府提出建议545件，自2012年和2013年的高峰后，数值上延续下

降趋势,但总体热情仍然较高。其次,公民参加各类党派和社团的人数回落。2016年,余杭区公民参加各类党派和社团的数量为246个,与前两年相比基本持平,但人次显著减少。2016年,公民参加党派和社团人次为151756,连续两年明显下滑,与2014年相比下降幅度为37.3%。再次,人大代表中,民主党派代表人数增加,比重达到历年最高水平,工农代表占比则进入稳定阶段。最后,人大代表的参与热情回升。2016年,区人大代表提出议案建议数为279件,较2014年与2015年有明显回升。

表1 "完善民主政治"的部分相关数据

考评项目＼年份	2008	2009	2010	2011	2012	2013	2014	2015	2016
市民向政府提出的建议数(件)	719	287	265	254	846	804	630	599	545
区人大代表提出议案建议数(件)	306	292	250	236	329	287	234	231	279
公民参加各类党派和社团的情况	党派和社团161个,142037人次	党派和社团215个,156349人次	党派和社团218个,158003人次	党派和社团224个,170271人次	党派和社团236个,182280人次	党派和社团244个,198840人次	党派和社团242个,242209人次	党派和社团245个,183145人次	党派和社团246个,151756人次
共产党、民主党派人大代表人数(人)	203/7	200/7	195/5	192/5	194/8	192/8	192/8	193/9	194/11
工人、农民人大代表占比(%)	43.85	45.00	44.00	44.30	41.30	40.90	41.40	41.90	42.00

2. "政府依法行政"的相关数据

"法治余杭"要求政府以身作则,维护法律的权威,营造出良好的守法氛围。表2的相关数据显示,首先,"行政机关败诉的案件数"和"引发行政诉讼的复议案件数"历年来的波动相关性较高,2014年后进入高位运行,"行政部门工作人员重大违法乱纪案件数"呈下降趋势,表明余杭区政府在依法行政方面有所改善，但值得改进的方面仍较多。2016 年行政机关败诉案件数为 20 件，较 2015 年有所下降，但仍远高于 2007—2014 年的水平；同样，2016 年引发行政诉讼的复议案件数 27 件也在较高水平，且行政机关的违法行为高发，经行政复议后被撤销、变更的案件数为 5 件；而行政部门工作人员重大违法乱纪案件数仅为 7 件，与 2015 年持平，较 2013 年和 2014 年有明显降低，但违法乱纪案件总数仍有 21 件，总体来看，行政部门工作人员依法行政的意识有所提升。

在信访工作方面，信访案件数大幅上升，重复信访率仍然较高。其中，2016 年信访案件总数达到 67792 件，比上一年增长 26%，为历年最高水平，而信访案件结案率则仍保持了 99.8% 的高结案率，信访工作值得肯定。但在"引发重复信访的信访案件数占全部案件的比率"方面，2016 年的数值为 5.1%，尽管较 2015 年降低了 1.2 个百分点，但与前几年相比仍然较高，且在 2016 年案件总数大幅增长的情况下，重复信访案件的数值比 2015 年反而有所上升，信访接待工作仍有改进空间。

表 2   "政府依法行政"相关案件的数据

考评项目 \ 年份	2008	2009	2010	2011	2012	2013	2014	2015	2016
行政机关败诉的案件数（件）	3	2	4	1	0	3	13	23	20
引发行政诉讼的复议案件数（件）	6	9	19	6	0	7	36	26	27
行政部门工作人员重大违法乱纪案件数（件）	34	13	17	6	7	20	13	7	7
信访案件总数（件）	39002	47413	49364	50061	48587	49576	48996	53823	67792
信访案件结案率（%）	99.80	99.13	99.80	99.80	99.80	99.80	99.80	99.80	99.80
引发重复信访的信访案件数占全部案件的比率（%）	9.90	3.43	3.06	2.83	2.79	2.60	2.81	6.30	5.10

3. "司法公平正义"的相关数据

由表3数据可以看出，2016年，余杭区人民法院在受理案件数量明显增多的同时，各项指标有所波动。首先，法院一审案件数量较高，一方面表明群众的法律意识在增强；另一方面，群众更多地选择司法途径解决争端，表明法院的权威日益提高。2016年的一审案件数为20177件，仅次于2014年的案件数，已连续三年高位波动。其次，一审通过调解结案的案件比例明显下降，而"上诉案件率""抗诉案件率""再审案件率""二审改判率"和"上诉案件中改判、发回重审案件占当年结案数的比例"较2015年有所上升。随着社会的发展，在案件量较大的情况下，案情复杂的案件也越来越多，2016年一审通过调解结案的案件占36.25%，连续第四年下降，而"上诉案件率"和"二审改判率"等指标则延续2015年的上升趋势，维护司法公正权威对法官的职业素养提出了更高的要求。

表3　　　　　　　　　"司法公平正义"的相关案件数据

考评项目＼年份	2008	2009	2010	2011	2012	2013	2014	2015	2016
一审案件数（件）	8223	10678	10023	10779	11764	12641	21941	19549	20177
上诉案件率（%）	4.80	4.30	6.10	5.39	6.04	6.73	6.81	6.99	7.23
抗诉案件率（%）	0.010	0.010	0.050	0.020	0.020	0.000	0.000	0.000	0.005
再审案件率（%）	0.090	0.220	0.040	0.050	0.040	0.150	0.120	0.050	0.055
二审改判率（%）	6.000	8.800	7.500	5.800	5.200	8.230	6.300	7.730	8.190
上诉案件中改判、发回重审案件占当年结案数的比例（%）	0.270	0.240	0.390	0.440	0.210	0.470	0.600	0.460	0.560
一审通过调解结案的案件比例（%）	—	34.640	55.850	35.510	39.300	46.660	44.570	40.830	36.250

4. "公民素质提升"的相关数据

由表4可以看出，余杭区公民素质的相关数据升降不一，其中青少年犯罪人数下降明显，但成年人犯罪人数增幅令人忧虑。首先，对比往年，民事案件和行政案件占所有案件比率继续在较高位波动，显示出公民依法维权的意识和素质不断提高。其中,2016年民事案件占所有案件比率为64.37%,略低于2014年和2015年的水平;行政案件占所有案件比率为0.71%,为2013年以来的较低水平,但仍高于以往。其次,14—18周岁的青少年违法犯罪数量呈下降态势。2016年仅为47人,余杭区对青少年的法治教育成效明显;在"不满18周岁组中每十万人违反治安管理法的人数"方面,2016年5.69人的数值仅比2015年的5.24人略有上升,较以往年度有明显改善。再次,成年人犯罪人数高位运行。在"18周岁以上犯罪人数"方面,2016年的2429人为历年最高水平,成年人犯罪情况令人忧虑。最后,"每万人律师、法律服务工作者人数"继续提高。2016年,余杭区该数值为1.99,其中律师万人比为1.64,实现小康程度为71%,不过距离小康目标值(≥2.3)仍有距离。

表4　　　　　　　　"公民素质提升"的部分相关数据

考评项目 \ 年份	2008	2009	2010	2011	2012	2013	2014	2015	2016
每万人律师、法律服务工作者人数(人)	1.34	1.33	1.47	1.29	1.43	1.53	1.72	1.91	1.99
民事案件占所有案件比率(%)	61.04	63.80	58.40	57.60	56.14	59.34	64.50	65.00	64.37
行政案件占所有案件比率(%)	0.40	0.37	0.39	0.25	0.34	2.93	0.79	1.03	0.71
14—18周岁犯罪人数(人)	154	124	112	154	150	139	102	76	47
不满18周岁组中每十万人违反治安管理法的人数(人)	18.00	11.54	13.46	13.36	17.02	14.41	8.18	5.24	5.69
18周岁以上犯罪人数(人)	1554	1778	1358	2013	2368	2044	2308	1784	2429

(二) 2016 年"法治余杭"自评

为更加准确、全面地掌握"法治余杭"的建设实效,余杭区在政府机关内部自我测评的基础上,进一步开展了"法治余杭"建设专项工作组的年度考评。为确保评审的中立性,这部分的数据在法治指数测评时仅作为评审活动的参考,并不直接作为计算依据。

根据评估实践的具体操作和实施情况的深入,"建设法治政府"(指标二)、"民众尊崇法治"(指标五)的标准分自 2010 年开始分别从 160 分和 100 分调整为 165 分和 95 分,故表 5 仅对调整后的年度进行纵向比较。

表 5　2010—2016 年度"法治余杭"考评各项指标实施情况的得分

序号	考评项目	标准分	2010 年	2011 年	2012 年	2013 年	2014 年	2015 年	2016 年
1	推进民主政治建设,提高党的执政能力	110	82	79	105	87	95	95	93
2	全面推进依法行政,努力建设法治政府	165	129	137	151	141	120	133	135
3	促进司法公正,维护司法权威	130	130	127	114	125	130	115	130
4	拓展法律服务,维护社会公平	100	93	96	94	98	98	100	100
5	深化全民法制教育,增强法治意识,提升法律素养	95	86	88	89	90	93	93	93
6	依法规范市场秩序,促进经济良性发展	100	97	96	96	97	98	100	100

续表

序号	考评项目	标准分	2010年	2011年	2012年	2013年	2014年	2015年	2016年
7	依法加强社会建设，推进全面协调发展	100	94	97	98	99	100	100	99
8	深化平安余杭创建，维护社会和谐稳定	100	100	100	96	100	100	98	100
9	健全监督体制，提高监督效能	100	98	98	98	98	98	98	98
	总分	1000	909	918	941	935	932	932	948

综合2010—2016年各项指标的考评分可以看出：9项指标整体平稳向好，尤其近三年扣分项主要集中于前2项指标，党委依法执政和政府依法行政成为"法治余杭"建设自评工作中最需要攻关的课题。2016年度，余杭区的自评总分为948分，达到历年中的最高水平。

由于上述数据主要来自政府机关内部的自我测评，相对来说客观中立性有所欠缺，为了保证法治指数评估的真实性和可靠性，下文将从民意调查、内外组评审及专家组评审等调查手段获取第一手数据，对基础数据所反映的情况进行更为客观具体的陈述和分析。

二　民意调查

民意，是一个地区法治水平的直接体现。自2006年余杭开启第一次法治年度评估后，每年的评估都会在评审组专家评估之外，考虑民意调查，衡量普通群众对余杭法治的总体评价。相对专家的"精英"评估来说，民意调查评估更体现"平民"法治观；相比评审组专家根据评审材料的客观评阅，民意调查评估是一项融合了主客观的评估。其主观性体现在群众是对法治的"满意度"予以评价，而"满意度"作为一项主观指标，是一种法治主观心理状态，是感知、认知性评价；其客观性体现在群众对法治的评价是通过科学的抽样获取的调查问卷，以数据统计的方式生成的评分。

（一）群众满意度问卷调查

根据余杭区 20 个街道的人口数比例，本次群众满意度调查共发出问卷 4200 份，共计收回有效问卷 4041 份。在样本选择上，本着多样性、代表性、客观性的原则，课题组在街头、学校、行政服务中心、社区、企业等地发放问卷，选取不同年龄、不同职业、不同文化程度的社会各阶层民众来开展调研。调查对象的年龄、文化程度、职业和身份组成如图 1 所示。

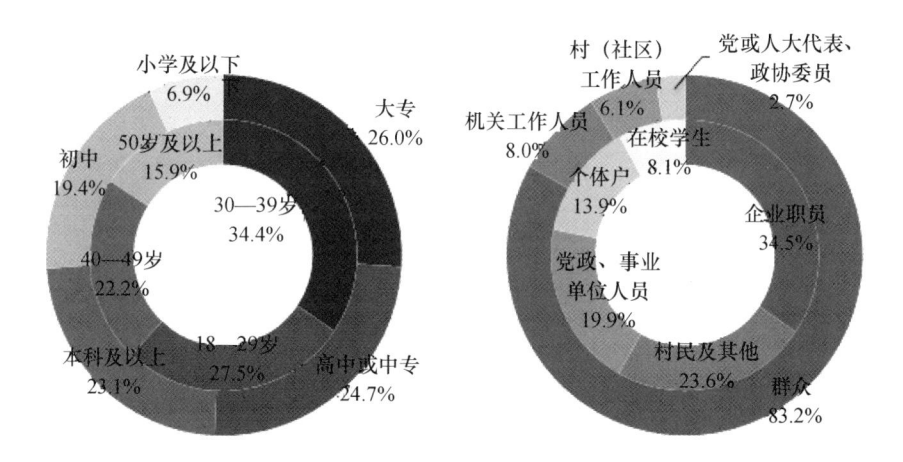

图 1　2016 年度群众满意度问卷调查对象组成成分

调查对象中，男女比例约为 1.06∶1，文化程度分布较为均衡，年龄以青壮年居多，40 岁以下人员占 60% 以上。与以往年度相比，本次民意调查增加了企业的问卷发放量，同时考虑到在校学生对法治的关注度可能不高，减少了在学校的问卷发放量。调查对象按身份分，群众比重达到 83.2%，调查结果基本反映民意。

（二）调查结果数据分析

2016 年度"法治余杭"群众满意度指数为 75.49 分，各项得分情况及对比如图 2、图 3 所示。

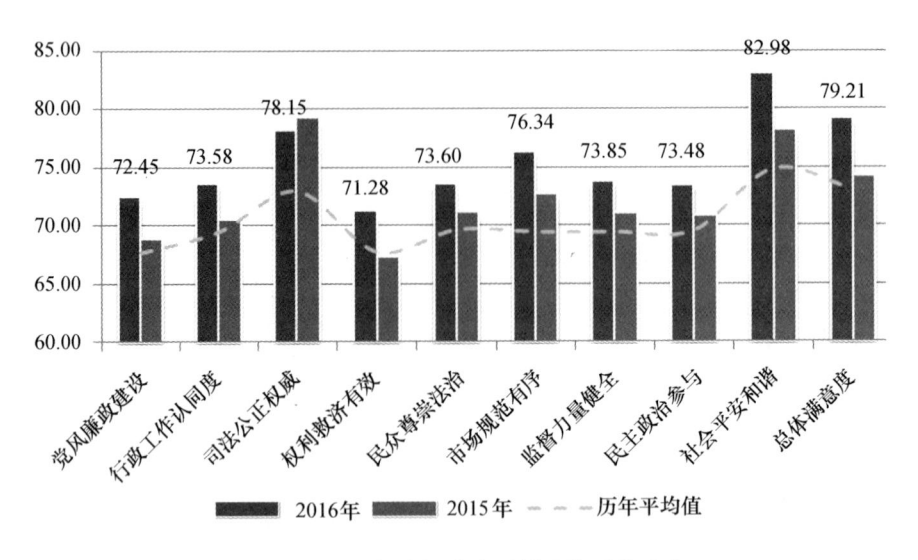

图 2 2016 年问卷调查十项得分情况及对比

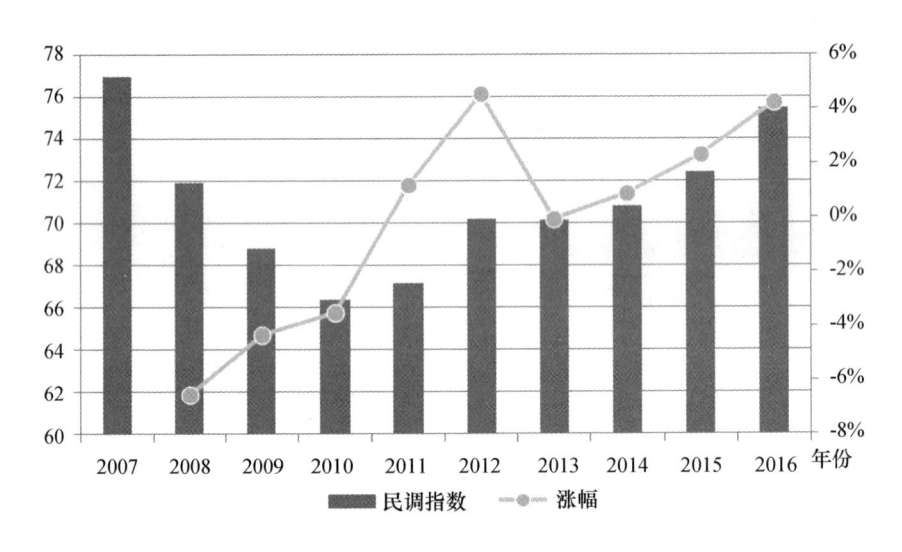

图 3 历年民意调查总分情况

从总分来看，群众对 2016 年度"法治余杭"的总体评价呈现出上升态势。除"司法公正权威"外，其余九项得分均较上年有不同程度增长，所有指标得分均高于历年平均值，对"社会平安和谐"的评分更是高达82.98 分，为十年来的最高水平，而"司法公正权威"得分尽管略有下降，仍然取得了 78.15 的高分，该项指标近两年的得分较往年有很大改善，说明余杭当地公民对"法治余杭"建设总体较为满意，尤其对司法公正和"平安余杭"的建设成果认同度较高。

三 内外评审组的评审结果及其分析

（一）内部评审组的评审结果及其分析

内部组大样本是通过余杭区直接参与法律工作的成员产生的。2016年内部评审组的数据表明整体指标权重得分波动较小，且九项指标评分均较高。其中有三项达到了历史最高分，分别是"司法公正权威""法律服务完善"和"民众尊崇法治"。

1. 内部组评审人员构成与指标权重确定

2016年度内部评审组成员是从余杭地区的党委、人大、政府以及司法机构、律师事务所中直接参与法律工作的成员中，随机抽取21名人员组成的。权重的得分反映了内部组成员认为各项指标的重要性程度。经标准化[①]后，权重最终得分情况和近五年该项得分情况如图4所示。

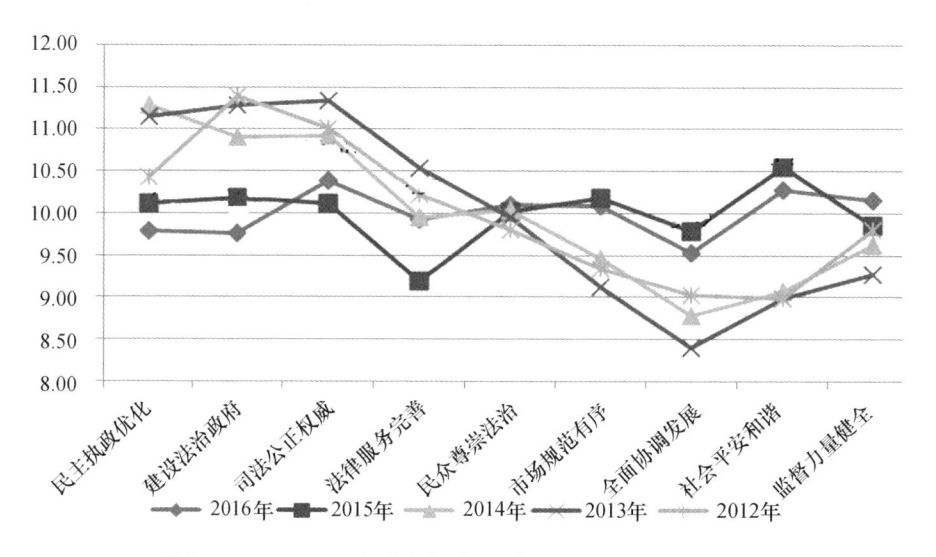

图4 2012—2016年内部评审组对九项权重平均赋分情况

---

① 某年第 i 项指标的标准化权重：$w_i = w_i / (w_1 + w_9) \times 90$。

比较各年度得分，2016年的具体分数与往年相比有一定变化。整体来看，指标权重得分波动较小，评审组在赋分上相对谨慎，近几年九项指标权重逐渐趋同，各项指标在"法治余杭"建设中均表现出其不可替代的作用。从分指标来看，以往权重较高的"民主执政优化""建设法治政府"等指标权重有所下滑，而"司法公正权威"和"社会平安和谐"成为2016年度内部评审组最重视的两项指标，随着浙江省成为国家监察体制改革试点地区之一，"监督力量健全"也更加得到重视，相对权重达到近五年的高峰。

2. 内部组对各指标实施情况的评分及分析

对内部组评估的平均分值进行考察，可从两个角度进行：其一，通过对内部组单项指标得分进行分析比较，分析各目标项的发展状况；其二，分析内部评估总分值。

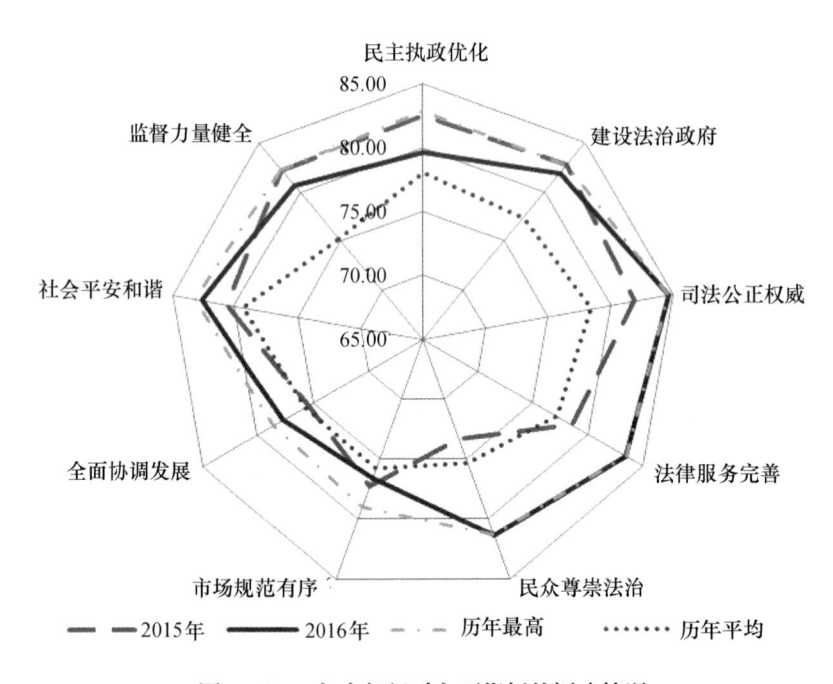

图5 2016年内部组对九项指标的评分情况

内部组对评分的分歧主要在于"监督力量健全"和"民众尊崇法治"。民众的法治信仰是全面推进依法治国和法治政府建设的关键,而监督则是法治政府建设的保障。两大指标评分分歧较大和其指标权重日渐提升有一定关联,更高的关注度势必引发不同人群对指标评分的争议。

总体来看,2016年度余杭法治指数九项指标的内部组评分较高,总分达到80.97分,比上一年提升1.57分。2016年得分最高的是"司法公正权威",该指标与"法律服务完善""民众尊崇法治"均在本次内部组测评达到了历年最高分。所有指标得分均高于历年平均分,但仍应重视"民主执政优化""监管力量健全""建设法治政府"等指标得分在内部组评审中的下滑现象。

(二)外部评审组的评审结果及其分析

外部评审组评审数据表明,近几年九项指标权重逐渐趋同,平均赋分差距进一步缩小。其中,"司法公正权威""法律服务完善"两项指标达到了历史最高水平。"市场规范有序"得分最低。

1. 外部组评审人员构成与指标权重确定

外部组由不直接参与余杭党委、人大、政府以及司法机关工作,但知晓,或者直接、间接参与,或者关注余杭法律事务的非政府组织、教育机构、新闻媒体、企业人员,甚至参与过司法诉讼的当事人代表组成。人员构成更加多元,有利于全面地反映余杭的法治进程。近五年外部组权重打分情况如图6所示。

外部评审组对指标权重的赋分变化与内部组相似,权重整体上差距逐渐缩小。从分指标来看,首先,前三项指标依然是权重排名最高的,但近五年对"司法公正权威"的打分波动较大。其次,"市场规范有序"近三年的相对权重较2012年和2013年有大幅度提升,随着商事制度改革的不断深化,目前"轻审批重监管"的商事登记制度已经形成,营造规范有序、公平竞争的市场环境越来越受到重视。此外,"民众尊崇法治"和"监督力量健全"也同样在外部组得到了较高的权重分。

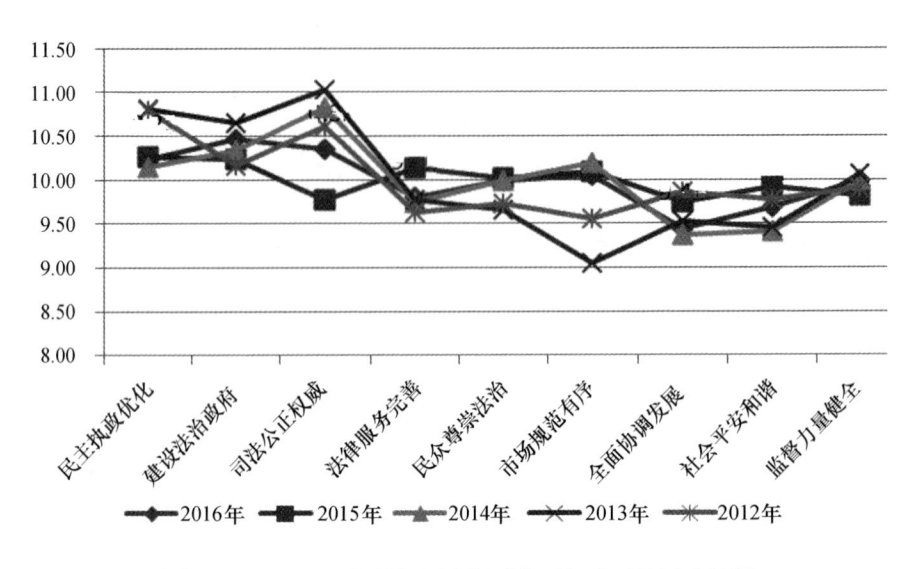

图6　2012—2016年外部评审组对九项权重平均赋分情况

2. 外部组评审指标实施情况分析

外部组评分的具体情况见图7。

与内部组类似，外部组给出的高分偏向于"司法公正权威"和"法律服务完善"等指标，这两项指标也同时达到了各自历史最高水平。在其他几项指标的给分中，外部组整体给出了较高评价，其中得分最低的是"市场规范有序"，较上一年度有较大幅度的下降。2016年，余杭区消费者投诉量较上年翻番，关于食品安全问题的投诉也大量存在，对外部组成员该项指标的评分有直接影响。为规范市场行为，2016年余杭区下发多项制度文件，规范环评、检测等专业市场，完善食品药品监管体制机制，但从制度实施到民众感知尚需一定时间。

总体来看，2016年外部组最终打分为79.86分，比2015年增长1.77分，为历年最高分，说明外部组对2016年余杭的法治状况整体上给予了肯定。

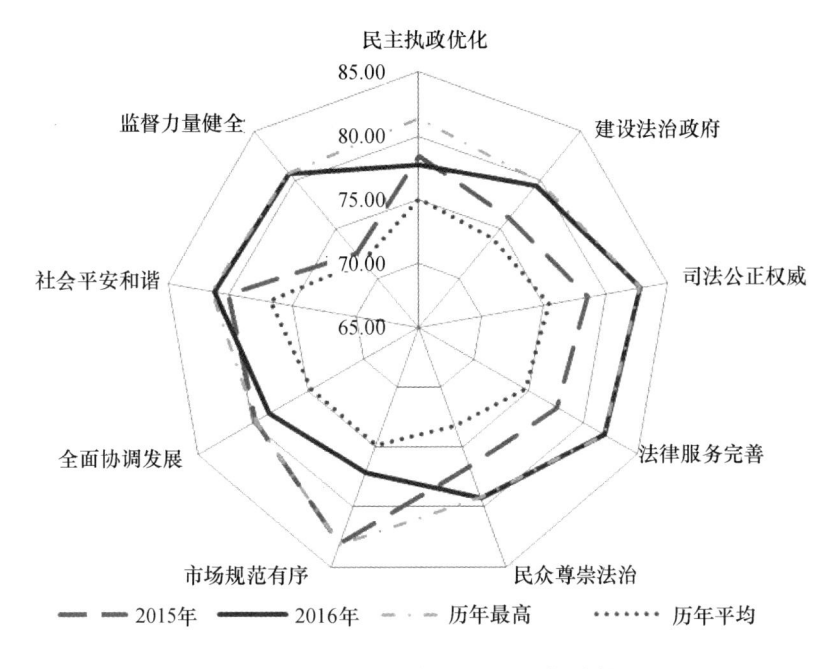

图7 2016年外部组对九项指标的评分情况

四 专家组评审分析及余杭法治指数的计算

在余杭法治评估中,专家组评审是重要的一环,它与内部组评审相呼应,弥补了内部评审的弊端,引入了外部视野,更具有公信力。同时,它与群众满意度调查评估相比,少了评估主体"量"的追求(评估专家没有调查的群众数量多),但侧重以专家的"精英"评估来增强评估的专业性。从专家组评审中,我们可以看出余杭2016年法治相比2015年的进步与法治建设重心的些许变化。但也要注意到,专家组打分所占比重最低,外部群众满意度评估仍是本年度评估的重点。

(一)专家组评审情况

在本次测评中,课题组在对内部组和外部组数据采样的基础上,邀请10名有较高知名度的法学家参与专家组的评审。相较于群众满意度调查的群众主观感知评估和内部评审组的自评,专家评审组作为独立的第三方,立场更为客观,评分也更具权威性和公信力。

在具体操作中，专家根据民意调查结果、内外评审组的最后打分和意见反馈，以及余杭有关部门提供的当地法治建设详细陈述，就余杭法治状况九项指标分别给出权重值和评分，对评分进行处理后，最终得出各指标的平均值以及专家组对余杭法治情况的总评分。专家组对2016年余杭法治情况的总评分为75.96分。

（二）专家组评审结果分析

专家组对2016年度余杭法治情况的总评分与2015年度基本持平，但指标之间有所变化。2016年专家组评分情况如图8所示。

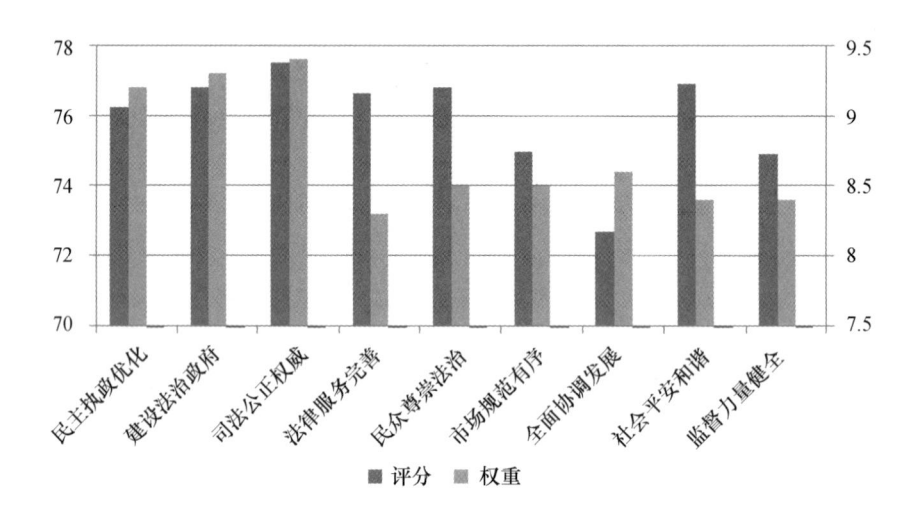

图8　2016年专家组对九项指标的评分情况

与2015年相比，2016年专家组对九项指标的权重赋分总体变化不大，权重最高的三项指标依然是"司法公正权威""建设法治政府"和"民主执政优化"，值得关注的是"全面协调发展"得到了平均8.6的较高权重分，而"民众尊崇法治"在专家组也越来越受重视。从评分来看，余杭区的九项指标均在专家组中得到了较高评价，其中"建设法治政府"和"社会平安和谐"分别较2015年度提高3.05分和1.4分。得分最高的两项指标是"司法公正权威"和"社会平安和谐"，"民众尊崇法治"和"建设法治政府"并列第三，总体与民意调查、内部组和外部组调查结果的相关性较高。

五 2016年度余杭法治指数的计算

2016年度余杭法治指数在民意调查、内外组评分和专家组评审后，最终借助科学设计的统计模型，得出2016年度的余杭法治指数为77.35分。余杭法治指数的具体计算公式如下：

$$\bar{\bar{s}} = \sum_{j=1}^{9} \bar{\bar{w}}_j \tilde{s}_j$$

通过上述公式可分别计算出内部组、外部组以及专家组三部分的最后法治指数分值，结合民意调查分值，计算出余杭法治指数最终分值。表6清晰地显示了这个计算过程。

表6　　　　　　　　余杭法治指数计算模型

组别		得分	权重	总分
群众满意度		75.49	35%	
评审组	内部组	80.97	35%	77.35
	外部组	79.86		
专家打分		75.96	30%	

各部分的分值在余杭法治指数最终分值中所占比率分别为：民意调查得分占35%，内部组与外部组的评分共占35%，专家组的评分占30%。

将2016年度余杭法治指数和历年指数得分作比较，可得图9。从总得分看，2016年度余杭法治指数较上年大幅提升1.65分，余杭总体法治发展正处于平稳高速的发展阶段。从分指标来看，"司法公正权威"在各组别中得分均较高，其中的重要原因之一是2016年余杭区人民法院探索"互联网+审判"新模式，这项举措方便了当事人，也使司法在公民心目中的地位提升，受到社会各界好评。"民众尊崇法治"在专家组获得了高分，在其他组别的得分居中游，主要由于深化全民法治教育真正的指向

图 9　历年余杭法治指数

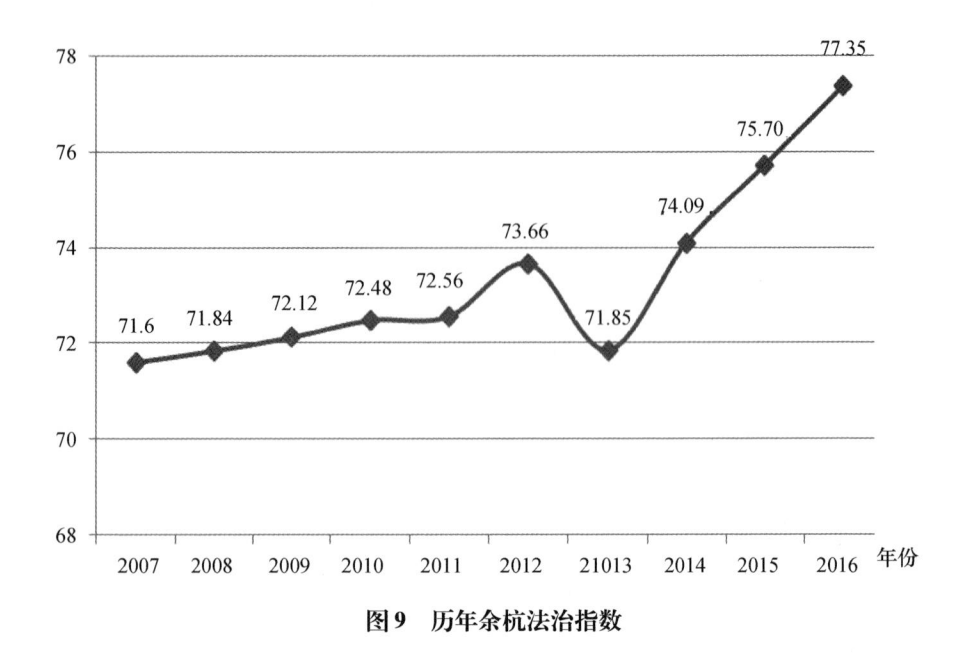

是公民内心，它会受到很多方面的影响，也说明 2016 年余杭区开展法治教育的培育效果尚不明显，仍需长期努力。对于近几年权重明显提升的"监督力量健全"，各组评分仍有一定分歧。法治监督体系是中国特色社会主义法治体系不可或缺的重要组成部分，是推进依法治国战略实施的关键和保障，但是全面从严治党和反腐败"永远在路上"，余杭区在法治监督体系建设和完善上还有进一步强化和深化的余地。

六　问题与建议

从总体上看，"法治余杭"建设水平稳中有进，继续处于全国各区县前列。同时，从更高的标准来看，"法治余杭"建设依然存在一些问题和困难，需要多措并举，建设更高水平的"法治余杭"。

（一）标本兼治党风廉政，从严依规治党

尽管 2016 年全区行政部门工作人员重大违法乱纪案件数维持在较低水平，但是立案查处的党政公职人员违法乱纪案件仍然高达 25 件（人），

纪委的调查案件总数达到190件，较上一年增加60件，其中被控犯罪67人，被追究刑事责任61人。从上述数据来看，余杭区在重大违法乱纪管控方面成效显著，但在轻微违法乱纪治理等方面仍需做更多工作，方可标本兼治。为此，第一，应健全完善反腐倡廉长效机制，坚持民主集中制，坚持重大事项集体决策，认真落实党员干部考核制度和民主测评制度，从制度层面上防范贪污腐败；第二，应继续健全完善党风廉政建设抄告制度，根据送达对象和问题严重程度，送达"一单两书"，即"党风廉政建设抄告单""意见书"和"建议书"，发挥抄告单在重大领域的预警作用；第三，应认真总结推广履职和廉政风险点排查和防范的经验，加大工作人员规范化办事的培训力度，对可能发生的风险行为实施有效事前控制，从岗位源头上控制腐败产生，全力建设风清气正的政治生态。

同时，中国共产党第十八届六中全会公报指出："办好中国的事情，关键在党，关键在党要管党、从严治党。"余杭在依规治党方面取得了很大成效，不过从党员领导干部违法违纪数据上看，在从严治党方面也存在继续提高的空间。从基础数据看，群众满意度调查和各评审组对"民主执政优化"的评分普遍较低，人民和专家对党委依法执政的认同度依然不高。从调研了解的情况看，在贯彻全会提出的"各级领导干部必须深入实际、深入基层、深入群众，多到条件艰苦、情况复杂、矛盾突出的地方解决问题，千方百计为群众排忧解难"方面，余杭区建立了夜访制度，而个别党员干部领会不够深刻，执行流于形式，使这项很好的制度没有发挥出其应有的效能。建议建立"夜访"成效竞赛制度等，激励实学实用，努力为群众办实事、解难题，提高群众满意度。

（二）不断推进依法行政，全力建设法治政府

中共中央办公厅、国务院办公厅2016年印发了《党政主要负责人履行推进法治建设第一责任人职责规定》，明确指出，党政主要负责人需对法治建设重要工作亲自部署、重大问题亲自过问、重点环节亲自协调、重要任务亲自督办，把本地区各项工作纳入法治化轨道。这就对党依法执政提出了更高的要求。依法行政与法治政府建设，是整个法治建设工作的重中之重，余杭地区应加强行政执法队伍建设，强化行政管理和行

政执法的监督，继续深化依法行政各项制度。针对这些问题，课题组建议：第一，完善行政决策和行政行为前的相关程序。建立健全公众参与、专家咨询和政府行为相结合的行政机制。对涉及经济社会发展全局的重大事项，要以深入扎实的调查研究为基础，完善深入了解民情、充分反映民意、广泛集中民智、切实珍惜民力的运作机制，普遍采取公示、听证等制度，让人民群众参与决策过程，充分表达决策意愿。加强政府法律咨询机构的作用，在各部门、乡镇、街道广泛推行公职律师制度，注意发挥法律顾问等专家学者的智力和专长，通过专家论证、技术咨询、决策评估等方式，认真听取专家学者的意见建议。提请会议讨论和决定的重大决策事项要附加研究报告、专家咨询论证报告。第二，健全行政决策和行政行为的规则。严格执行民主集中制，由领导班子集体讨论决定，杜绝决策的盲目性、随意性和领导者个人决断；同时要在"民主"的基础上实行正确的"集中"，防止久拖不决。依法、合理界定决策权和自由裁量权，建立分级自主决策的决策体制，实现事权、决策权和决策责任相统一，细化自由裁量权的适用条件和伸缩幅度，明确每个岗位的操作规范。第三，加强决策效果和行为效果的事后评估和责任追究。依法行政成效如何，不仅要有政府的自我评价，更要引入第三方评估。政府的自我评价更多应用于内部的整改与完善。面向公众的评价，更适合由相对中立的第三方评估机构来进行，以便增强评估的客观性、权威性，从而增强公众对政府法治程度的信赖。对于违法违规的决策和行政行为造成不良后果的，不论时间长短、是否在岗，一律追究相应责任。

（三）科学建构监督体系，有效提高监督效能

习近平在十八届四中全会提出要强化对行政权力的制约和监督。监督力量的健全事关党风廉政建设和法治政府建设，并对后两者起促进作用。健全监督体系是一项长期工作，作为国家监察体制改革试点地区，余杭区纪委和监察局除合署办公外还需更多职能上的融合和转变。从辅助数据上看，2016年余杭区群众检举党员干部贪腐问题的案件数为63件，但调查属实的仅为2件，较前两年比重大幅下滑。外部监督是规范权力运行的关键环节，随着公民权利意识的不断提升，群众监督势必发

挥更重要的作用，但是不实信息的泛滥也降低了监督的有效性，因此必须科学健全监督体系，增强监督合力和实效。这也是对十八届三中全会提出的"推进国家治理体系和治理能力现代化"的回应。要形成政府、市场、社会相互独立又相互制约的开放性结构，政府治理方式必须实现法治化与民主化，增强公众对政府权力的制约与监督，构建完善的监督体系，切实有效地提高监督效能。

针对监督有效性问题，课题组提出以下建议：第一，建立健全投诉举报登记制度，做好相关事项后续转办、查处和反馈等环节工作，建立不实信息分级处置制度；第二，畅通信息渠道，加强社会监督，做到信息公开透明，对群众反映强烈、损害群众利益的突出问题应从快查处，查处属实的应从速纠错问责；第三，加强舆论监督，建立网络舆情监测、收集、研判、处置机制，提升网络应急能力，及时制止负面信息的不良影响。另外，行政复议是内部层级监督最重要的方式，是行政机关自我纠正错误的重要制度，对促进依法行政有着极为重要的作用。2016年余杭区行政复议案件撤销、变更数为5件，纠正了一些错误行政决定。面对行政复议案件总量增长的趋势，应严把案件审理关，明确层级责任，推行复议案件专案专报、综合研判、调解和解、工作交流、败诉案例解读"五项机制"，切实提高内部层级监督的效果和质量。

（四）持续推动公众参与，全面推行民主协商

从表1"完善民主政治"的相关数据分析，余杭区市民向政府提出建议数在2009—2011年处于低迷时期，至2012年和2013年达到高峰后，连续三年持续下降，特别是2016年下降程度更大一些。无论原因是什么，都需要采取措施，以激励公众更多地参与到地区事务，尤其是社会治理中来。

因此，课题组建议，建立信息公开与公众意愿表达机制。一方面，信息公开机制有利于促进政府决策的透明度，这种透明度有利于提升政府管理的合法性、问责性和总体绩效。要充分利用报纸、广播、电台、新媒体等对信息公开的正面作用。另一方面，完善的公众意愿表达机制是激发公众参与热情的关键所在。余杭法治指数是经过专家评审、司法系统内部组评估、外部组评估等反复论证的结果，其具体落实与适用的过程都需要公众参与。要注重民主协商议事会议制度的完善和推广，从层级上建立起区、镇（街）、村（社区）、村民小组（楼道）等多级联动机制，同时加强民主协商议事制度的规范性和有效性。

（五）回顾总结评估得失，提炼创新"法治余杭"评估

进行"余杭法治"指数评估的这十年，余杭取得了非常显著的成绩，无论是带动国内法治评估实践还是推动区域法治创新，余杭都收获了"全国法治试验田"的名誉。对推动"法治余杭"建设的科学化、规范化和有序化发挥了重要作用，对推进"法治余杭"成为全国知名的区域法治建设样本起到了助推作用。同时，在全面依法治国新背景以及大数据带来全域变革的新时期，我们也需要回顾十年来法治评估的历程，总结十年来法治评估的宝贵经验，反思面向未来的危机感和创新紧迫感。

从创新角度来看，余杭法治指数评估亟待从四个方面进行转型突破。第一，评估需要引进新方法。原有的评估，主要依赖于自上而下或自外而内的调研获取数据，具有"外部性""暂时性"等缺点，难以反映"法治余杭"的内在状态，需要借助大数据工具，建立以大数据和人工智能为基础的新数据持续收集方法，从更立体的视角为评估提供数据支撑。第二，评估需要完善新指标体系。经过十年的积累和验证，原有的指标设立总体上是科学的、可行的，但同时，个别指标也存在"量化性比较弱""论证不充分"等缺点，需要对整个指标体系进行再创新，按"点度中心性""中介中心性"和"接近中心性"三级维度指标，凝聚子群分布构建新指标体系。第三，评估需要更加深化。要在"法治余杭"顶层评估的基础上，开枝散叶，向法治政府、法治经济、法治社会、法治文化、法治生态各个子领域深化，甚至以单一政策或单一事件作为评估的对象，让评估的可操作性更强，对余杭各方面的推动作用更直观。第四，评估需要品牌化运作。这十年来的法治指数评估，使"法治余杭"建设经验全国知名，但还没有形成真正的名牌效应，与中央要求的"先进经验要可复制、可推广"还有很大的距离。余杭区，尤其是区司法局、杭州市委党校余杭分校和中国法治评估课题组可以以中国法治实践学派调研基地（余杭）为依托，整合大数据技术团队等各方面资源，加大协同创新，按照品牌化运作的理念和模式，在以大数据评估十八届四中全会提出的"把法治建设成效作为衡量各级领导班子和领导干部工作实绩重要内容"等方面率先取得新突破，推敲建立可复制、可推广的模式方案，出版相关著作。余杭区还可与课题组联合申请余杭法治指数评估的著作权等知识产权，真正让"法治余杭"成为区域法治乃至法治中国的重要示范性样本。

七　结语

十年来，余杭法治指数多处于71—77分段，稳中有升，通过法治评估带动基层治理体系和治理能力水平大力提升。各级党政领导干部及法治建设部门的法治思维、法治意识日益增强，余杭法治建设成效举国闻名，"余杭经验"为全国建立科学的法治建设指标体系和考核标准等决策的提出提供了参考。如今，在中央更加重视法治建设成效，明确提出"党政负责人要当好法治建设第一责任人"的目标统领下，以及全社会进入大数据、智能化、智慧化的时代背景下，余杭法治建设及其评估也面临新任务和新挑战，具有创新发展的紧迫性。一方面，应在过去法治评估的经验总结基础上，看到不足，充分研究大数据对法治评估的影响，挖掘大数据对法治评估的助力，研制出"法治余杭"评估的创新体系，增强评估的客观性、科学性和实用性，树立法治评估的余杭品牌，进一步复制推广余杭法治评估经验，切实推进余杭迈向实效法治观的发展路径。另一方面，应努力探索将法治考评结果计入领导干部绩效考核体系中的方式方法，增强法治评估对余杭政治、经济、民生各领域的渗透和嵌入，进而提升法治评估的实用性和实效性。

2017年度余杭法治指数报告[*]

钱弘道

摘　要　2017年度余杭法治指数评测课题组通过民意调查、司法系统内部组评估、外部组评估、专家组评审四个方面相结合的方式，根据严格的统计和数据分析方法，计算得出2017年度余杭法治指数为78.70分，比2016年度增长1.35分。数据表明，在全面推进依法治国的大环境下，2017年余杭法治建设总体水平持续提升，这表明长期以来各方建设"法治余杭"的共同努力取得了显著成果。各项数据反映的问题形成了对下一阶段余杭法治建设工作具有较高参考价值的指数报告。

关键词　法治指数　法治余杭　依法治国　法治评估

2017年是党的十九大胜利召开之年。对余杭区而言，2017年也是推进"十三五"法治余杭依法治区普法教育规划的关键之年。作为浙江省杭州市余杭区法治状况的年度体检，余杭法治指数评估实践已经进入了第十一个年头。在这十一年间，余杭的民主法治建设迈出了重大步伐，在中央的统一部署下，全区司法体制改革有序落实，法治政府和法治社会建设相互促进，居民法治素养不断提高。经过多年实践，余杭法治指数测评已成为余杭法治建设的一面镜子。余杭法治建设的新成效在法治

---

[*] 本文系"'2011计划'司法文明协同创新中心"研究成果，教育部哲学社会科学研究重大课题攻关项目"中国法治政府建设指标体系研究"（13JZD011）、国家社会科学基金重点项目"司法透明指数研究"（13AFX012）、余杭区委区政府委托项目阶段性成果。

指数上得到直观体现，法治指数也反过来反映出法治建设进程中暴露的问题，揭示出其症结所在，从而推动了问题的解决。课题组通过持续的深入研究，总结了法治建设经验和发展规律，助力"余杭做法"上升为"余杭经验"。

一　2017年度基础数据分析

基础数据是用来考察法治量化评估体系每一项指标整体情况的多个方面的量化数据。基础数据能够直观地反映余杭法治实践的整体进度，是内部组、外部组以及专家组评分时的重要参考依据。因此，基础数据的收集是整个法治指数评估工作的重要准备工作。

基础数据资料包括两部分：一部分是"法治余杭"背景数据，其统计方式相对客观，能够最准确地反映出余杭区社会法治发展的实际情况；另一部分是"法治余杭"的自评数据，它是余杭区有关部门根据评估体系进行自评得出的数据。

（一）2017年"法治余杭"背景数据分析

法治指数测评的基础数据是进行指数评估各个环节，尤其是内部组、外部组以及专家组评审的重要依据。基础数据包括历年背景数据的动态对比以及各相关机关的自评数据。这一部分数据最能体现年际数据的连续性和对比性。由于"法治余杭"的背景数据繁多，限于篇幅，本节仅选取最直观的四组数据进行比较分析。

1. "完善民主政治"的相关数据

表1为余杭区2008—2017年在民主政治完善方面的完整数据。从整体来看，余杭区在完善民主政治方面平稳发展，个别指标有所波动。首先，市民的民主参与度保持较高水平。2017年，余杭区市民向政府提出建议613件，参与热情较前两年有所回暖。其次，公民参加各类党派和社团的人数略有回落。2017年，余杭区公民参加各类党派和社团的数量削减为239个，人次也相应有所减少。2017年，公民参加党派和社团人次为151265，下降趋势明显减缓。再次，在人大代表组成方面，民主党派

代表人数与上一年持平,保持"法治余杭"评估工作开展以来的最高比重,工农代表占比则进入稳定阶段。最后,人大代表的参与度较为稳定,2017年,区人大代表提出议案和建议数为279件,与上一年持平。

表1　　　　　　　　"完善民主政治"的部分相关数据

年份 考评项目	2008	2009	2010	2011	2012	2013	2014	2015	2016	2017
市民向政府提出的建议数(件)	719	287	265	254	846	804	630	599	545	613①
区人大代表提出议案和建议数(件)	306	292	250	236	329	287	234	231	279	279
公民参加各类党派和社团的情况	党派和社团161个,142037人次	党派和社团215个,156349人次	党派和社团218个,158003人次	党派和社团224个,170271人次	党派和社团236个,182280人次	党派和社团244个,198840人次	党派和社团242个,242209人次	党派和社团245个,183145人次	党派和社团246个,151756人次	党派和社团239个,151265人次
共产党、民主党派人大代表人数(人)	203/7	200/7	195/5	192/5	194/8	192/8	192/8	193/9	194/11	194/11
工人、农民人大代表占比(%)	43.85	45.00	44.00	44.30	41.30	40.90	41.40	41.90	42.00	42.00

2. "政府依法行政"的相关数据

"法治余杭"要求政府以身作则,维护法律的权威,营造良好的守法氛围。表2的相关数据显示,"行政机关败诉的案件数"和"引发行政诉讼的复议案件数"历年来的波动较大,在2014—2016年均处于高位,

---

① 自2017年12月起,根据省政府要求,区级门户不再自建信访类互动平台,故该数据统计起止时间为:2017年1月1日至"网上12345信箱"关闭之日。

2017年两者明显回落，而"行政部门工作人员重大违法乱纪案件数"在2010年以前及2013—2014年较高，2015年及以后已明显下降，这表明行政诉讼能够预防行政部门工作人员的违法乱纪行为，从而促进政府依法行政。2017年行政机关败诉案件数为10件，较2016年减半；同样，2017年引发行政诉讼的复议案件数仅为7件，结束了前三个年度的连续高发势头；行政部门工作人员重大违法乱纪案件数为6件，保持较低水平。

在信访工作方面，网上信访渠道得到整合，信访案件数大幅上升，而重复信访率反而降低。其中，2017年信访案件总数达到120783件，比上年增长78.17%（总数与增长率均为历年最高水平），在"引发重复信访的信访案件数占全部案件的比率"方面，2017年的数值为3.30%，2016年的数值为5.10%，下降趋势较为明显。

表2　　政府依法行政相关案件的数据

考评项目＼年份	2008	2009	2010	2011	2012	2013	2014	2015	2016	2017
行政机关败诉的案件数（件）	3	2	4	1	0	3	13	23	20	10
引发行政诉讼的复议案件数（件）	6	9	19	6	0	7	36	26	27	7
行政部门工作人员重大违法乱纪案件数（件）	34	13	17	6	7	20	13	7	7	6
信访案件总数（件）	39002	47413	49364	50061	48587	49576	48996	53823	67792	120783
引发重复信访的信访案件数占全部案件的比率（%）	9.90	3.43	3.06	2.83	2.79	2.60	2.81	6.30	5.10	3.30

3. "司法公平正义"的相关数据

由表3数据可以看出,在法院受理案件数量较多的背景下,2017年各项指标有所波动。首先,法院一审案件数量较高,显示法院的权威性得到越来越多人民的认可。2017年的一审案件数为23388件,达到历年最高水平,基层法院的工作量持续增加。其次,一审通过调解结案的案件比例有所回升,而上诉案件率则下降。2017年一审通过调解结案的案件占38.03%,在连续四年下降后实现回升;上诉案件率为5.68%,较2016年下降1.55个百分点。值得注意的是,2017年二审改判率指标高达11.41%,为历年最高水平,可见,二审法院对一审法院的审判指导和监督效果有所加强,这对一审法院法官的司法公正权威提出了更高的职业素养要求。

表3 "司法公平正义"的相关案件数据

考评项目 \ 年份	2008	2009	2010	2011	2012	2013	2014	2015	2016	2017
一审案件数(件)	8223	10678	10023	10779	11764	12641	21941	19549	20177	23388
上诉案件率(%)	4.800	4.300	6.100	5.390	6.040	6.730	6.810	6.990	7.230	5.680
抗诉案件率(%)	0.010	0.010	0.050	0.020	0.020	0.000	0.000	0.000	0.005	0.000
再审案件率(%)	0.090	0.220	0.040	0.050	0.040	0.150	0.120	0.050	0.055	0.073
二审改判率(%)	6.000	8.800	7.500	5.800	5.200	8.230	6.300	7.730	8.190	11.410
上诉案件中改判、发回重审案件占当年结案数的比例(%)	0.270	0.240	0.390	0.440	0.210	0.470	0.600	0.460	0.560	0.600
一审通过调解结案的案件比例(%)	—	34.640	55.850	35.510	39.300	46.660	44.570	40.830	36.250	38.030

4. "公民素质提升"的相关数据

由表4的相关数据可以看出,余杭区公民素质显著提高。首先,民事案件和行政案件所占比率保持较高水平,显示公民依法维权的意识和素质不断提高。其中,2017年民事案件占所有案件比率为60.43%,较

2014—2016年的水平有所下降；行政案件占所有案件的比率为2.13%，较往年比率有所增加，仅次于2013年的2.93%。其次，在未成年人犯罪和成年人犯罪两个方面，2017年的相关数值均呈下降态势。其中，14—18周岁的犯罪人数显著下降，2017年仅为27人，而不满18周岁组中每十万人违反治安管理法的人数也进一步下降为4.22人，余杭区构建的学校、家庭、社会"三位一体"青少年普法教育网络成效明显；在"18周岁以上犯罪人数"方面，2017年的1554人较2016年下降36.02%。最后，由于2017年末余杭区常住人口数显著增长，每万人律师、法律服务工作者拥有率略有降低。2017年，该数值为1.92，略低于2016年的1.99，其中律师每万人拥有率为1.61（上一年度为1.64）。离"十三五"规定的每万人拥有2.3名律师的指标要求还有一定的距离，优化律师执业环境，强化律师和法律服务工作者队伍建设，是适应社会发展的重要举措。

表4 "公民素质提升"的部分相关数据

考评项目＼年份	2008	2009	2010	2011	2012	2013	2014	2015	2016	2017
每万人律师、法律服务工作者人数（人）	1.34	1.33	1.47	1.29	1.43	1.53	1.72	1.91	1.99	1.92
民事案件占所有案件比率（%）	61.04	63.80	58.40	57.60	56.14	59.34	64.50	65.00	64.37	60.43
行政案件占所有案件比率（%）	0.40	0.37	0.39	0.25	0.34	2.93	0.79	1.03	0.71	2.13
14—18周岁犯罪人数（人）	154	124	112	154	150	139	102	76	47	27
不满18周岁组中每十万人违反治安管理法的人数（人）	18.00	11.54	13.46	13.36	17.02	14.41	8.18	5.24	5.69	4.22
18周岁以上犯罪人数（人）	1554	1778	1358	2013	2368	2044	2308	1784	2429	1554

（二）2017年"法治余杭"自评数据分析

为更加准确、全面地掌握"法治余杭"的建设实效，余杭区在政府机关内部自我测评的基础上，进一步开展了"法治余杭"建设专项工作组的年度考评。为确保评审的中立性，这部分数据在法治指数测评时仅作为评审活动的参考，并不直接作为计算依据。

随着对评估实践活动认识的不断深入，具体的项目的赋分作出了调整。"建设法治政府""民众尊崇法治"的标准分自2010年开始分别从160分和100分调整为165分和95分，故表5仅对调整后的年度进行纵向比较。

表5　2010—2017年度"法治余杭"考评各项指标实施情况的得分

序号	考评项目	标准分	2010年	2011年	2012年	2013年	2014年	2015年	2016年	2017年
1	推进民主政治建设，提高党的执政能力	110	82	79	105	87	95	95	93	95
2	全面推进依法行政，努力建设法治政府	165	129	137	151	141	120	133	135	144
3	促进司法公正，维护司法权威	130	130	127	114	125	130	115	130	130
4	拓展法律服务，维护社会公平	100	93	96	94	98	98	100	100	100
5	深化全民法制教育，增强法治意识，提升法律素养	95	86	88	89	90	93	93	93	93
6	依法规范市场秩序，促进经济良性发展	100	97	96	96	97	98	100	100	100

续表

序号	考评项目	标准分	2010年	2011年	2012年	2013年	2014年	2015年	2016年	2017年
7	依法加强社会建设，推进全面协调发展	100	94	97	98	99	100	100	99	100
8	深化平安余杭创建，维护社会和谐稳定	100	100	100	96	100	100	98	100	100
9	健全监督体制，提高监督效能	100	98	98	98	98	98	98	98	100
	总分	1000	909	918	941	935	932	932	948	962

综合2010—2017年各项指标的考评分值可以看出：九项指标整体平稳向好，近几年扣分项主要集中于前两项指标，可以看出政府工作人员认为党委依法执政和政府依法行政已经日益成为"法治余杭"建设工作中最需要攻关的课题。2017年度，余杭区的自评总分为962分，延续上涨趋势，达到历年可比分数中的最高水平，其中六项一级指标达到满分。

由于上述数据主要来自政府机关内部的自我测评，相对而言客观中立性有所欠缺，为了保证法治指数评估的真实性和可靠性，下文将从民意调查、内外组评审及专家组评审等调查手段获取第一手数据，对基础数据所反映的情况进行更为客观具体的陈述和分析。

二 民意调查

（一）群众满意度问卷调查

根据余杭区20个街道的人口比例，本次群众满意度调查共发出问卷4000份，共计收回有效问卷3849份。在样本选择上，本着保证多样性、代表性、客观性的原则，课题组在街头、学校、行政服务中心、社区、企业等地发放问卷，选取了不同年龄、不同职业、不同文化程度的社会各阶层民众开展调研。调查对象的年龄、文化程度、职业和身份组成如

图 1 所示。

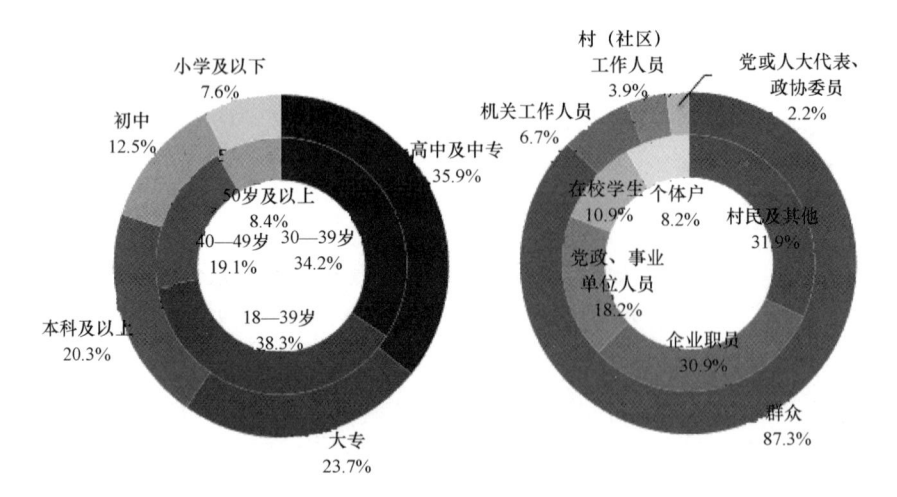

图 1　2017 年度群众满意度问卷调查对象组成成分

调查对象中，男女比例约为 1.11∶1，文化程度分布较为均衡，年龄以青壮年居多，40 岁以下人员合计占 70% 以上。从职业来看，村民及其他职业占比最高，为 31.9%，国有、集体及私有企业职员占 30.9%。本次调查再次扩大群众身份的比重，达到 87.3%，因此调查结果基本反映民意。

（二）调查结果数据分析

2017 年度"法治余杭"群众满意度指数为 81.37 分，各项得分情况及对比如图 2、图 3 所示。

从总分来看，2017 年群众对"法治余杭"的总体评价保持上升态势，分数达到历年最高水平，比 2016 年增长 7.79%。所有指标的得分均较上年有不同程度增长，且得分连续两年高于历年平均值，其中，"社会平安和谐"和"总体满意度"等指标最为抢眼，评分高达 86.38 分和 85.83 分，"党风廉政建设""权利救济有效"及"民众尊崇法治"等指标上涨幅度较大，说明余杭当地公民对"法治余杭"建设各方面的满意度较高，尤其对平安余杭的感受程度较深。

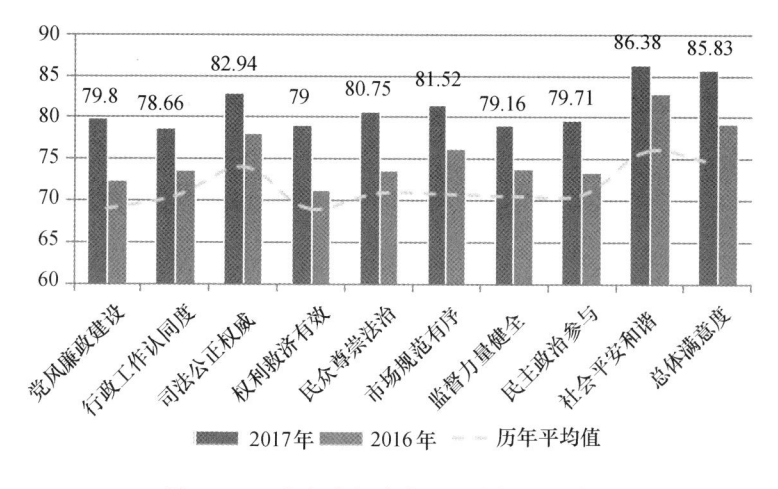

图2 2017年问卷调查十项得分情况及对比

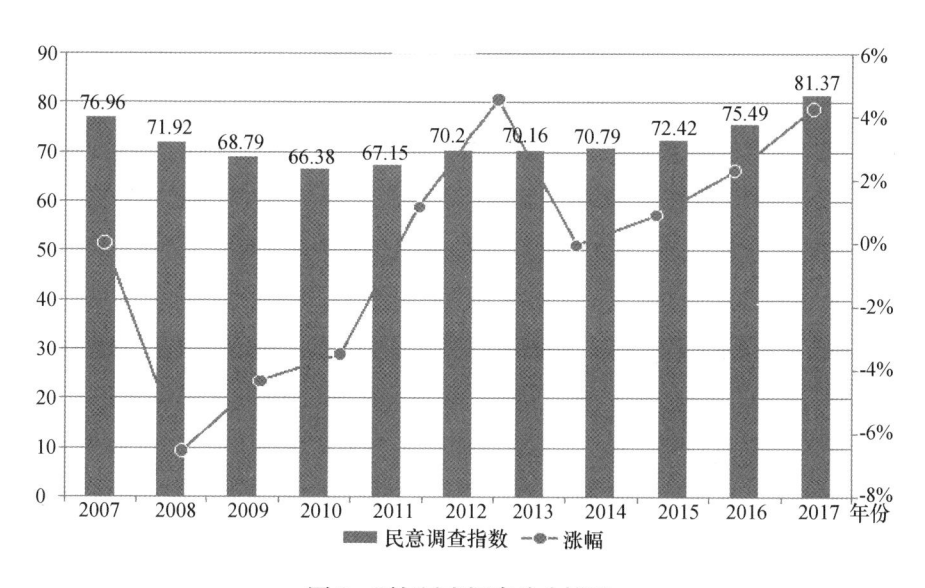

图3 历年民意调查总分情况

三 内外评审组的评审结果及其分析

(一) 内部评审组的评审结果及其分析

1. 内部组评审人员构成与指标权重确定

2017年内部组成员是从余杭区的党委、人大、政府以及司法机构、律师事务所中直接参与法律工作的成员中，随机抽取20名人员。权重的得分反映了内部组成员对各项指标重要性程度的认识。经标准化①后，权重最终得分情况和近五年该项得分情况如图4所示。

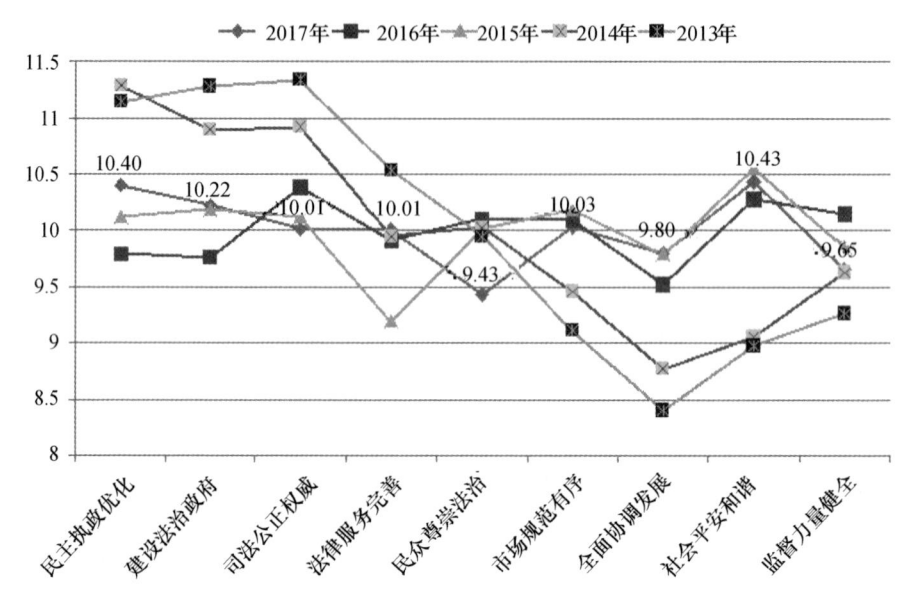

图4 2013—2017年内部评审组对九项权重平均赋分情况

比较各年度权重得分，2017年的具体赋分与往年相比有一定变化。整体来看，指标权重得分波动较小，评审组在赋分上相对谨慎，2017年九项指标权重更加趋同，各项指标在"法治余杭"建设中均体现出其重要性。从各项具体指标来看，"民众尊崇法治""司法公正权威"和"监督力量健全"等指标权重较2016年有所下滑，而"社会平安和谐"和"民主执政优化"成为2017年度内部评审组最重视的两项指标，相对权重分别达到10.43分和10.40分。

2. 内部组对各指标实施情况的评分及分析

可从两个角度对内部组评估的平均分值进行考察：其一，通过对内部组单项指标得分进行分析比较，分析各目标项的发展状况；其二，分

---

① 某年第 i 项指标的标准化权重。

析内部评估总分值。

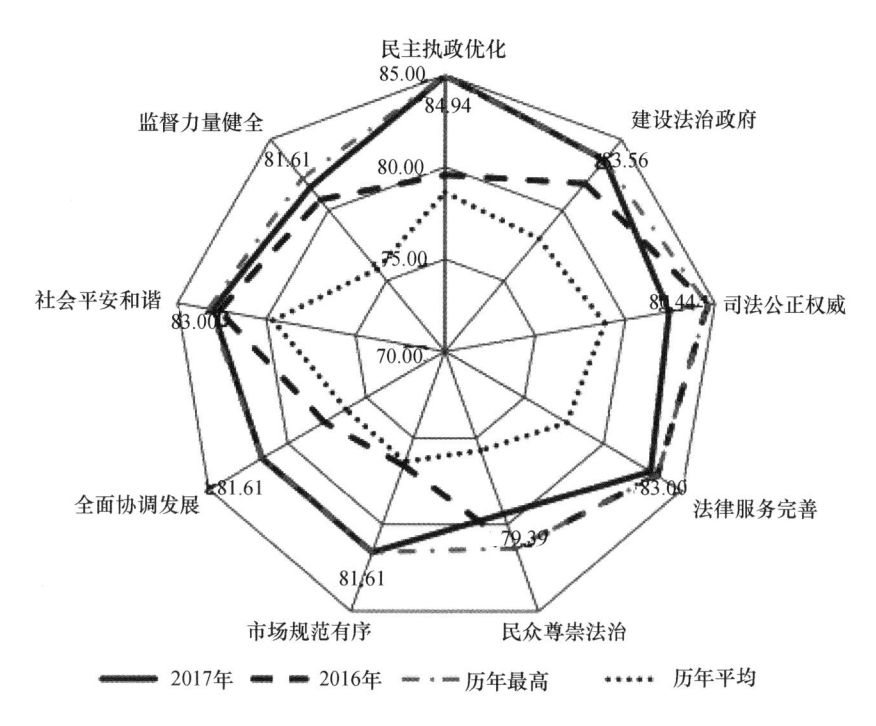

图5　2017年内部组对九项指标的评分情况及对比

总体来看，2017年余杭法治指数九项指标的内部组评分较高，总分达到80.97分，比上一年提升1.57分，所有指标得分均明显高于历年平均分。2017年得分最高的是"民主执政优化"，达到84.94分，该指标与"建设法治政府""市场规范有序""全面协调发展""社会平安和谐"均在本次内部组测评中达到了历年最高分。内部组给出的低分则集中出现在"司法公正权威"和"民众尊崇法治"上，其中内部组对"司法公正权威"的评价分歧较大，而"民众尊崇法治"的整体平均分较低。

（二）外部评审组的评审结果及其分析

1. 外部组评审人员构成与指标权重确定

外部组由不直接参与余杭党委、人大、政府以及司法机关工作，但知晓，或者直接、间接参与，或者关注余杭法律事务的非政府组织、教育机构、新闻媒体、企业从业人员，以及参与过司法诉讼的当事人代表组成。人员构成更加多元，有利于全面地反映余杭的法治进程。近五年外部组权重打分情况如图6所示。

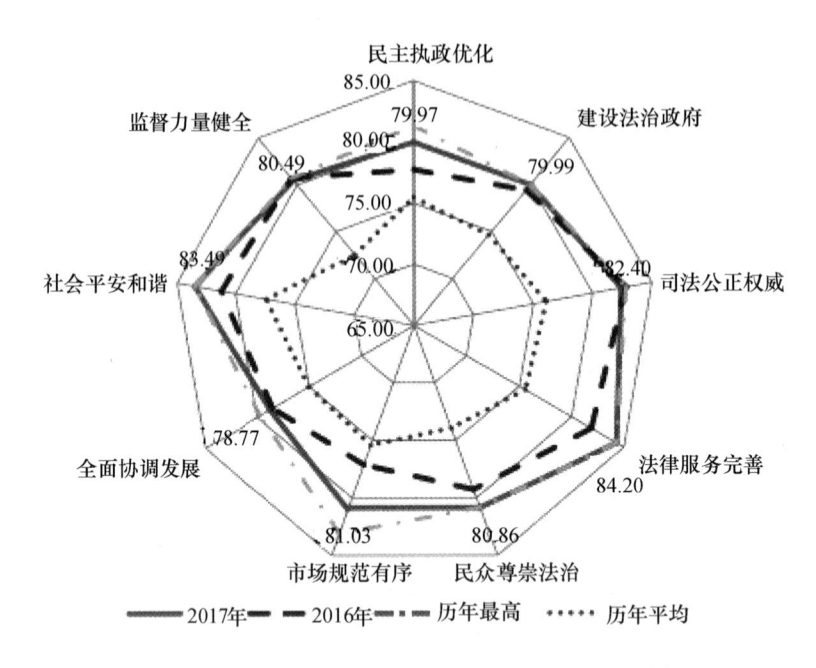

图6　2013—2017年外部评审组对九项权重平均赋分情况

外部评审组对指标权重的赋分整体上差距逐渐缩小，且总体变动不大。从各项具体指标来看，前三项指标与课题组预设的考虑相同，依然占据权重最高的前三位，"民主执政优化"的相对权重更是在2017年达到11.31分。相应地，"法律服务完善""民众尊崇法治"和"社会平安和谐"等指标的相对权重也降低到了近五年的较低水平。

2. 外部组评审指标实施情况分析

外部组评分的具体情况及历年对比见图7。

总体来看，2017年外部组最终打分为81.22分，比2016年度增长1.36分，再次成为历年最高分，说明外部组对2017年余杭的法治状况整体上给予了肯定。从各项具体指标来看，所有指标评分均高于历年平均

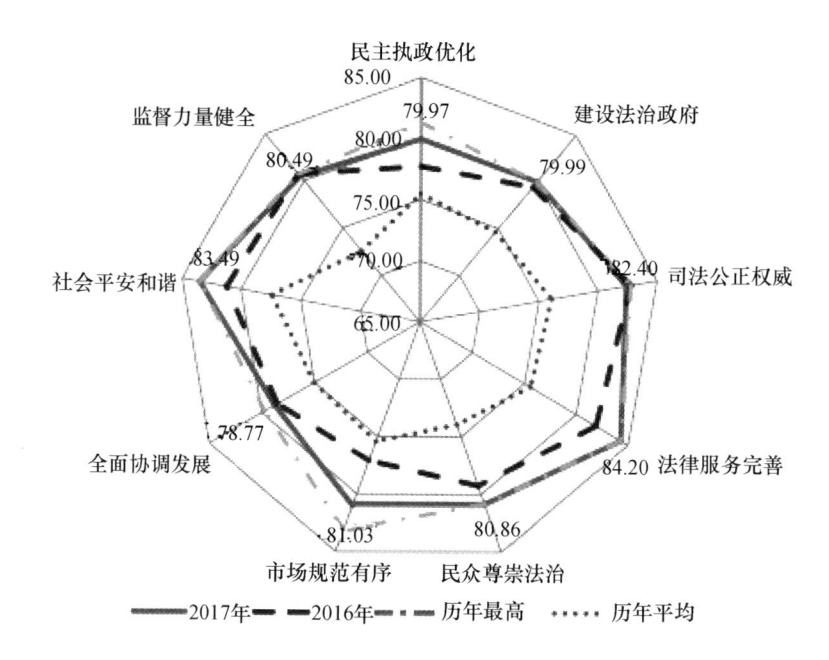

图7 2017年外部组对九项指标的评分情况及对比

值,且多项指标达到历年最高值。与内部组相比,外部组的评分较为统一,分差较大的指标为"全面协调发展""民众尊崇法治"和"市场规范有序",其中得分最低的是"全面协调发展",为78.77分,但仍较上一年度的78.53分略有上升。

四 专家组评审分析及余杭法治指数的计算

(一)专家组评审情况

2017年,课题组在对内部组和外部组数据采样的基础上,邀请11名有较高知名度的法学家参与评审。相较于群众满意度调查的纯主观感受和内部评审组的自评色彩,专家评审组作为独立的第三方,立场更为客观,评分也更具权威性和公信力。

在具体操作中,专家根据民意调查结果、内外评审组的最后打分和意见反馈,以及余杭有关部门提供的当地法治建设详细陈述,就余杭法治状况九项指标分别给出权重值和评分,对评分进行处理后,最终得出各指标的平均值以及专家组对余杭法治情况的总评分。专家组对2017年余杭法治情况的总评分为71.96分。

(二) 专家组评审结果分析

2017年,专家组对余杭法治情况的总评分71.96分较2016年的75.96分明显下滑。2017年专家组对九项指标评分情况①如图8所示。

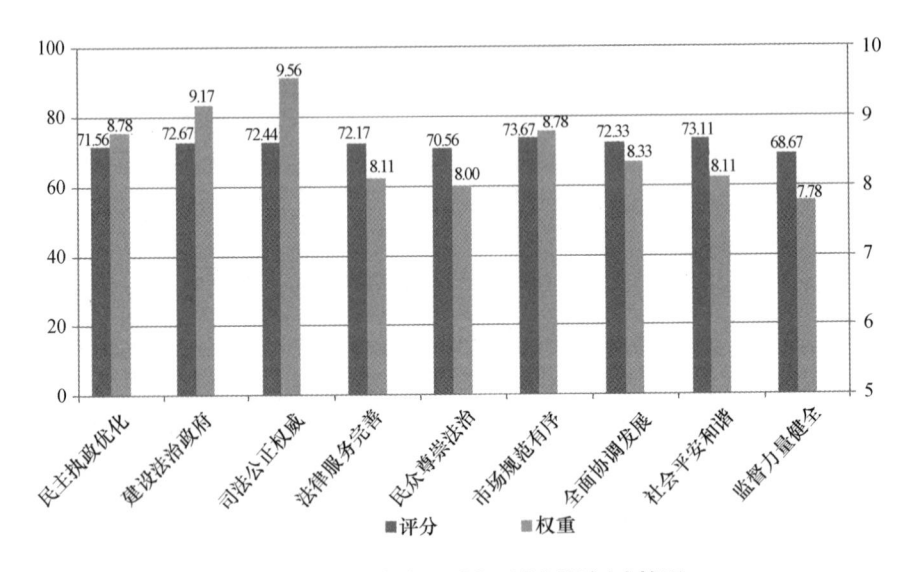

图8 2017年专家组对九项指标的评分情况

与2016年相比,2017年专家组对九项指标的权重赋分总体变化不大,权重最高的三项指标依次是"司法公正权威""建设法治政府"和"民主执政优化","市场规范有序"的权重分提升到并列第三位,较2016年有明显上升。值得关注的是,"监督力量健全"的权重分下滑至7.78分。从评分来看,2017年专家组对九项指标的打分均有不同程度下降,下降最明显的是在2016年取得高分的"司法公正权威"和"民众尊崇法治"等指标。得分最高的两项指标是"市场规范有序"和"社会平安和谐",总体与民意调查、内部组和外部组调查结果的相关性较高。

---

① 专家组的权重评分不进行历年情况对比,故得分不作内外部评审组的标准化处理。

五 2017 年度余杭法治指数的计算

2017 年度余杭法治指数在民意调查、内外组评分和专家组评审后，最终借助科学设计的统计模型，得出 2017 年度的余杭法治指数为 78.70 分，比 2016 年度增长 1.35 分。具体计算过程如下：

余杭法治指数的计算公式：

$$\bar{\bar{s}} = \sum_{j=1}^{9} \bar{\bar{w}}_j \tilde{s}_j$$

通过上述公式可分别计算出内部组、外部组以及专家组三部分的最后法治指数分值，结合民意调查分值，计算出余杭法治指数最终分值。表 6 清晰地显示了这个计算过程。

表 6　　　　　　　　余杭法治指数计算模型

组别		得分	权重	总分
群众满意度		81.37	35%	
评审组	内部组	82.39	35%	78.70
	外部组	81.22		
专家打分		71.96	30%	

各部分的分值在余杭法治指数最终分值中所占比率分别为：民意调查得分占 35%，内部组与外部组的评分共占 35%，专家组的评分占 30%。

将 2017 年余杭法治指数和历年指数得分作比较，可得图 9。

从总分看，余杭法治指数再次提升，较 2016 年总分提高 1.74%，映射出余杭区总体的法治发展保持着稳健增长。从各项指标来看，"社会平安和谐"和"司法公正权威"在各组别中均得到较高评价，且呈现出群众满意度高于评审组评分的现象，"法治余杭"建设情况得到了群众的广泛认同。

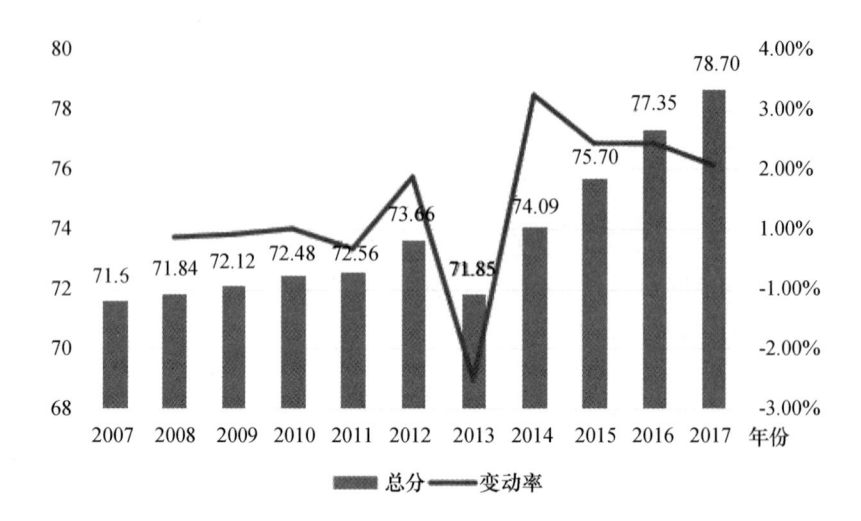

图 9　历年余杭法治指数

六　问题与建议

综上所述,"法治余杭"建设成效明显,法治指数稳中有进,走出了一条"量化评估—查找'短板'—梳理分析—整改提高"的余杭法治发展之路,成为中国基层法治的"试验田"。但 2017 年的各项法治数据仍然显示余杭法治存在许多问题和"短板",需要我们继续做出具有针对性的改进提高,建设更高水平的"法治余杭"。

(一)公开透明、标本兼治,加强反腐倡廉工作

尽管 2017 年度全区行政部门工作人员重大违法乱纪案件数维持在较低水平,但是纪委的调查案件总数达到 223 件,较上年增加 33 件,其中被追究刑责的有 41 人。同时,群众检举党员干部贪腐问题的案件数激增至 276 件,比 2016 年的 63 件、2015 年的 61 件、2014 年的 83 件高出数倍;其中,群众检举党员干部贪腐问题,调查属实案件数为 18 件,与 2016 年的 2 件、2015 年的 5 件和 2014 年的 7 件相比也呈倍数增长。从上述数据来看,2017 年余杭区的反腐倡廉形势为:一是成效明显和问题突

出并存;二是防腐力度加大和腐败现象多发并存;三是群众对反腐败的期望值不断上升和腐败现象短期内难以根治并存。针对以上问题的存在,具体来讲可从以下几个方面进行改善。

第一,推进公开制度,营造透明廉洁政务环境。从调研数据上分析,余杭区在党务公开和政府信息公开方面,干部任用公示的比例在过去五年始终保持在100%,全年通过政府信息公开平台主动公开各类政务信息2.5万余条,其中主动公开政务文件近3000个,下一步要着重推进财政预决算、保障性住房、重点建设项目批准和实施等重点领域信息公开。在推行党务、政务公开工作中,要坚决做到"应该明确的必须明确,应该公开的必须公开"。通过公开,杜绝弄虚作假和"吃、拿、卡、要"现象,遏制官僚主义、形式主义和办事拖拉行为,转变"门难进""脸难看""事难办"等作风,营造透明廉洁政务环境,推进反腐倡廉工作。

第二,坚持法治思维,提高党员干部法律意识。思想支配行为,人的腐败首先是思想道德的腐败。只有从思想上遏制腐败动机,才能有效预防腐败行为。法治思维是法治方式的"精神内核",培育反腐倡廉法治思维是构建预防腐败长效机制的前提。一方面,要健全领导干部学法用法的制度。要把学法用法的能力和业绩纳入领导干部选拔任用的考评体系当中。完善领导干部学法用法的相关规定和制度,将"依法办事""依法管理""依法决策"等作为考评项目列入领导干部选拔任用的基本条件,促使领导干部"真学、善用、坚守"。另一方面,普及法治教育,创新"参与型培育"。在传统讲解式培育的基础之上,组织公职人员以及社会成员代表参与行政复议、旁听案件审理、参加实地调研、举办"法治人物"评选等生动的法治教学实践活动,使广大社会成员切实体会到法治就在身边,提高对法治的价值认同、守法的自觉性与用法的自信心,提升整个社会对法治思维的认知层次和运用法治方式处理问题的能力。这个问题已经引起了余杭区政府的高度重视,区管干部、中层正职以上干部参加的法律知识考试次数也从过去的每年1—2次增加到了2017年的5次。这些都是行之有效的措施,可以借由这些措施提高党员干部的法律意识,从而将可能发生的贪腐行为扼杀在摇篮中。

第三,深化标本兼治,健全反腐倡廉长效机制。"标本兼治"是预防和惩罚相结合的治理方式，而"依法治国"的理念与标本兼治的反腐工程是互相契合的。一方面，法治反腐模式为标本兼治提供了制度依据。法治反腐以"法律至上"为理念，而法律是构建预防腐败和惩罚腐败的制度重要组成部分，能将"治标"与"治本"有效衔接起来。另一方面，法治反腐模式为标本兼治提供强制保障。实践表明，仅仅通过提高思想道德进行自觉反腐过于理想主义，且缺乏保障，没有权威的强制力作为坚强后盾，即使是科学合理的反腐措施也难以实现或者长久保持良好状态，反腐措施将受到权力压制而无法实现。因此，只有内外兼修，标本兼治，才是推进党风廉政建设和反腐败工作的最有效手段。

（二）推进改革、提升素养，正视"行政复议案件"数量居高不下局面

2017年，余杭区的行政复议案件数量仍旧高居不下，共计281件。产生该问题的原因有以下两方面：一方面，行政复议承担了化解行政争议的主渠道角色，是促进依法行政的救济制度，随着法治程度的深化，行政复议案件数的增加有其客观原因。另一方面，余杭区行政复议案件的居高不下与2017年进行中的建设和改革有密切联系，如"三改一拆"、"五水共治"、租赁房公共安全治理等中心工作的持续推进，"九峰项目"、"三路一环"、天子岭项目等重点项目的跟踪落实等。各行政执法部门为加快推进落实中心工作、重点项目，在行使行政执法职能时，未依法按照《中华人民共和国行政处罚法》《中华人民共和国行政许可法》《中华人民共和国行政强制法》等法律的规定进行，导致作出的具体行政行为错误增多。

针对该问题，可以从如下三个方面进行分析和应对。首先，要正确认识行政复议作用。一方面不能"因噎废食"，依然要充分发挥行政复议化解行政争议的主渠道作用，依法受理行政复议申请，最大限度地为当事人申请行政复议创造便利条件，引导公民、法人和其他组织通过行政复议解决行政争议；另一方面要全面推进并基本完成以"集中行政复议职责"为中心的行政复议体制改革，建立较为完善的行政复议工作机制，定期清理行政复议积案，发挥行政复议在推进依法行政、解决行政争议中的重要作用。

其次，要强化法治专门队伍建设。一方面，充实行政复议队伍，提升行政复议人员的专业和法律素养，如对相关人员进行定期、专业的法律培训等；另一方面，建立法律顾问制度和公职律师制度，重视发挥法律顾问和公职律师作用，健全相关工作规则，严格责任制。目前，全区已有律师236人、法律服务工作者47人，应适度加强法治专门队伍的数量建设。

最后，要严格规范公正文明执法，进一步提高行政执法的权威性与公信力，如推进履行职能法定化，继续强化程序意识，健全行政执法裁量权基准制度，全面落实行政执法责任制和评议考核制，从源头上预防和化解行政争议。

（三）创新普法，有效化解信访案件高峰

"法令行则国治，法令弛则国乱。"余杭区2017年政府依法行政的整体数据表明，政府在向建设职能科学、权责法定、执法严明、公开公正、廉洁高效、守法诚信的法治政府的道路上又迈出了坚实的一步。但我们也注意到，2017年信访案件总数达到120783件，比上一年增长了78.17%，总数与增长率均为历年最高水平，该数据反映出群众的法律认识存在误区。误区一：法不责众。现实生活中，相当一部分人受"法不责众"这一错误观念的影响，法律意识淡薄，一遇到不符合自己意愿的事，不论道理，不讲是非，就借着"法不责众"这个护身符，纠结上访，给政府施加压力，以期达到其目的。误区二：政府"管"法院。受几千年封建统治的影响，群众中一直有种错误认识，认为政府权力最大，政府"管"法院。由此产生一种怪现象，有事不找法院找政府，信"访"，不信"法"。

针对以上问题，提出如下对策建议：第一，进一步落实普法责任制，切实做到"谁执法，谁普法"。"谁执法，谁普法"的工作机制一来有利于扩大普法治理工作的覆盖范围，充分利用各类法制宣传、教育资源，强化和明晰各部门的普法宣传责任。二来有利于提高普法工作的专业性和针对性，进而降低普法成本。应动员、联合各部门各行业的力量，通

过多元化、多方位，专业性强、针对性高，互动性高、便捷性足的普法宣传教育活动，以更有感染力的形象和方式完成法治教育，培育公民的法治思维。让公民学法、懂法、尊法、守法，提高其法治观念，学会依法保护自己的合法权益。不仅通常而言的政法部门要有所作为，如法院检察院在解决基本民事、行政、刑事案件纠纷中普及诉讼法、侵权责任法等法律法规；公安部门也应该在管理社会治安、侦查案件等执法过程中，普及治安管理处罚法、道路交通安全法等法律法规。其他部门也应当将该原则落到实处，如民政局需要普及婚姻法、老年人权益保障法；人社局需要普及劳动法、劳动争议调解仲裁法、社会保险法等。第二，完善信访工作考核指标设计。考核信访工作质量时应该增加新的指标，如"信访案件优质结案率""重大疑难信访突出问题督查跟踪率"等，以便于更深层次地评估信访工作的质量问题。

（四）开源节流、注重人才，缓解司法资源不足

2017年，余杭区人民维权意识和民主意识的提升都在指标上有所表现。法院的一审案件数量快速增长，达到23388件，而余杭法官人数却连年递减，2017年下降至96人。不仅如此，每万人拥有的检察官、警察人数均呈快速下降趋势，区内律师和法律服务工作者人数的增长也未能和人口流入的速度相匹配。法治的发展离不开充足的司法资源的支持，与全国许多经济发展较快的地区相似，余杭区呈现出了法治程度的深化与司法资源不足的矛盾。针对该问题提出如下建议。

第一，要缓解法治发展进程中的司法资源不足困境，优化有限的司法资源配置，提高资源使用效率。党的十八届四中全会《中共中央关于全面推进依法治国若干重大问题的决定》提出："健全公安机关、检察机关、审判机关、司法行政机关各司其职，侦查权、检察权、审判权、执行权相互配合、相互制约的体制机制。"深化以审判为中心的诉讼制度改革，其路径是优化司法职权、配置司法资源、校正司法尺度。其中，司法权力的制衡是一方面，另一方面也要在各司其职的前提下进行流程优化和"再造"，利用不同平台的优势，提升办事或服务效率。比如，在公共法律服务方面，可深入结合基层社会治理体系，构建网格化的法律服

务模式,扩大服务覆盖面,继续实施"法律援助惠民工程",加强法律援助力度。再如,可持续探索运用互联网和大数据建立预警体系,防范重点领域爆发纠纷的风险。

第二,实行有效措施吸引优秀法律人才。充分重视律师和法律服务工作者的法律服务功能,规范市场,完善律师、公证、司法鉴定、法律援助、基层法律服务体系,拓展服务领域和方式,并不断强化律师、律所的培育和管理,构建和谐的律师执业环境,完善配套经费保障机制和法律人才引进政策,吸引更多优秀律师和法律服务工作者到余杭区从业。此外,探索建立并落实优秀法律人才选拔机制,包括员额法官、员额检察官的公开遴选机制,破解体制内法律职业人员的晋升难题。

第三,拓宽纠纷解决渠道,充分发挥多元纠纷解决机制的分流作用。党的十九大报告提出要"打造共建共治共享的社会治理格局","推动社会治理重心向基层下移"。余杭区应当在党的十九大的指引下,结合新时代社会特点,搭建纠纷解决平台,创新发展新时代"枫桥经验",发挥其人民调解的第一道防线作用。2017年,在网络交易纠纷难决的背景下,余杭区指导建成省内首个互联网行业人民调解组织——阿里巴巴集团人民调解委员会,就网上调解信息化平台建设开展深度合作,这是一种商事纠纷重难点领域的解决模式创新,必将促进电子商务经济的健康有序发展,同时也实现了对商事领域纠纷的分流。

七 结语

十年来,余杭法治指数基本处于71—79分段,稳中有升,但余杭法治评估的意义不仅仅在于得出一个分数,更重要的是以法治评估为抓手,带动基层治理体系和治理能力水平的提升,实现基层治理体系和治理能力的现代化。随着推行法治量化评估工作的深入,法治指数已经成为余杭法治发展的"晴雨表",不但为余杭区经济社会发展提供了良好的法治环境保障,更使各级党政领导干部及法治建设部门工作人员的法治思维、法治意识日益增强,余杭法治建设成效举国闻名,"余杭经验"为全国建立科学的法治建设指标体系和考核标准等提供了范本。

如今，中央更加重视法治建设成效。在全社会进入大数据、智慧化的时代背景下，余杭法治建设及其评估也面临着新任务和新挑战，亟须创新发展。一方面，应在过去法治评估的经验总结基础上看到不足，充分研究大数据对法治评估的影响，挖掘大数据对法治评估的助力，研制出"法治余杭"评估的创新体系，增强评估的客观性、科学性和实用性，树立法治评估的余杭品牌，进一步复制推广余杭法治评估经验，切实推进余杭迈向实效法治观的发展路径。另一方面，应努力探索基层治理现代化的生动实践和鲜活经验，可将其他先进治理经验融入"法治余杭"的基层治理体系。例如，新时代"枫桥经验"，它在化解矛盾、防范风险、服务群众方面具有独特优势，可充分发挥其在践行党的群众路线、推进基层社会治理中的重要作用，增强法治评估对余杭政治、经济、民生各领域的渗透和嵌入，进而提升法治评估的实用性和实效性。

2018年度余杭法治指数报告*

摘　要　2018年度余杭法治指数评测通过民意调查、司法系统内部组评估、外部组评估、专家组评审四个方面相结合的方式，根据一定的统计和数据分析方法计算得到2018年度余杭法治指数为78.58分，比2017年度下降0.12分。根据各项统计数据计算得出的结果表明，在全面推进依法治国大环境下，2018年余杭法治建设总体情况基本平稳，表明长期以来各方对建设法治余杭的共同努力有一定成效，但指数的下降说明现实中仍旧存在一定问题，在一些问题较为突出的方面需要加大建设力度。本文对指数反映的各种问题进行了较为全面的分析，对余杭今后的法治建设工作起到一定参考作用。

关键词　法治指数　法治余杭　依法治国　法治评估

　　2018年是中国历经改革开放40周年，也是"十三五"法治余杭依法治区普法教育规划推进的关键之年。作为浙江省杭州市余杭区法治状况的年度体检，余杭法治指数的评估实践也已经进入了第十二年。在这十二年间，余杭的民主法治建设迈出重大步伐，司法体制改革有序落实，法治国家、法治政府、法治社会的建设相互促进，全民法治素养不断提

---

*　执笔人：钱弘道，窦海心。除法治余杭课题组和余杭法治指数评审组全体成员外，余杭区司法局等有关部门的同志，浙江大学等高校的谢天予、许思达、杨涛、林丰挺等博士生、硕士生、本科生都参与了具体的相关工作。

　　本文系"2011计划司法文明协同创新中心"研究成果，教育部哲学社会科学研究重大课题攻关项目"中国法治政府建设指标体系研究"（13JZD011）、国家社会科学基金重点项目"司法透明指数研究"（13AFX012）、余杭区委区政府委托项目阶段成果。

高。经过多年实践，余杭法治指数测评已成为余杭法治社会建设的一面镜子。余杭法治建设的新成效在法治指数上得到直观体现，法治指数也反过来揭示和推动解决法治建设进程中暴露的问题和症结。通过持续的深入研究，总结法治建设经验和发展规律，积极推动"余杭做法"上升为"余杭经验"。

一 2018年度基础数据分析

基础数据是利用多个方面的量化数据来反映法治量化评估体系每一项指标的整体情况，是内部组、外部组以及专家组评分时的重要参考依据。此外，基础数据能够直观地反映余杭法治实践的整体进度。因此，基础数据的搜集是整个法治指数评估工作的重要准备工作。

基础数据资料包括两个部分：一部分是"法治余杭"的背景数据，因其统计相对客观，最能够反映余杭区社会法治发展的实际情况；另一部分是"法治余杭"的自评数据，它是余杭区有关部门根据评估体系进行自评得出的数据。从实际情况看，前期获取的基础数据基本能够满足评估需要。

（一）2018年"法治余杭"背景数据分析

法治指数测评的基础数据是进行指数评估各个环节尤其是内外组、专家组评审的重要依据。基础数据包括历年的背景数据对比以及各相关机关的自评数据。这一部分数据最具有年度的连续性和对比性。由于"法治余杭"的背景数据极为繁多，限于篇幅，本节仅选取最直观的四组数据进行比较分析。

1. 完善民主政治的相关数据

表1给出了2014—2018年余杭区在民主政治完善方面的完整数据。整体来看，余杭区在完善民主政治方面平稳发展，个别指标有所波动。首先，余杭区人大代表提出的议案和建议数略微下降。2018年余杭区人大代表向政府提出建议251件，热情较前两年的279件有所降低。其次，公民参加各类党派和社团的人数增加。2018年，余杭区公民参加各类党

派 242 个,参加人数为 153011 人次。最后,人大代表中,民主党派代表人数与上年基本持平,略有增加,保持法治余杭评估工作以来的最高比重,工农代表占比则进入稳定阶段。

表1　　　　　　　　完善民主政治的部分相关数据

考评目标＼年份	2014	2015	2016	2017	2018
区人大代表提出议案和建议数（件）	234	231	279	279	251
区政协委员提案数和社情民意建议数（件）	386	358/105	257/120	329/96	316/101
居委会达到自治标准的比率（%）	100%	100%	100%	100%	100%
公民参加各类党派（个）和社团情况（人次）	242/242209	245/183145	246/151756	239/151265	242/153011
人大代表性别比例（男/女）	204/88	201/88	204/95	204/95	203/97
>50岁/30—50岁/<30岁	66/211/15	64/210/15	91/169/12	135/157/7	138/156/6
工人、农民代表占比（%）	41.4%	41.9%	42%	42%	42%
少数民族代表/汉族代表（人）	1/291	1/288	299	0/299	0/300
共产党代表/民主党派代表（人）	192/8	193/9	194/11	194/11	198/11
人大代表议案、建议数量（件）	234	231	279	279	251
人大代表议案、建议被采纳数量（件）	234	231	279	279	251
法律从业者担任人大代表占比（%）	4.5%	4.5%	0.67%	0.69%	0.67%

2. 政府依法行政的相关数据

"法治余杭"要求政府以身作则,维护法律的权威,营造出良好的守法氛围。表2的相关数据显示，首先，"行政机关败诉的案件数"和"引发行政诉讼的复议案件数"历年来的波动相关性较高。"行政机关败诉的案件数"2014—2016年均高位运行，2017年数据较前三年有明显回落，而2018年再度数字攀升为22件。"引发行政诉讼的复议案件数"近两年都为7件，也较前三年有显著降低。"行政部门工作人员重大违法乱纪案件数"在2010年以前及2013—2014年较高，2015年以后已明显下降，表明行政诉讼的进行能够预防行政部门工作人员的违法乱纪行为，从而促进政府依法行政。同样，2018年引发行政诉讼的复议案件数仅为7件，结束了2017年之前三个年度的连续高发。行政部门工作人员重大违法乱纪案件数为8件，与前两年保持较低水平，行政部门工作人员依法行政的意识有所提升。

在信访工作方面，网上信访渠道得到整合，信访案件数大幅上升，而重复信访率反而降低。其中，2018年信访案件总数达到309970件，达历年最高水平；而信访案件结案率则仍保持了99.8%的高结案率，信访工作值得肯定。在"引发重复信访的信访案件数占全部案件的比率"方面，2018年的数值为0.9%，较2017年的3.3%降低2.4个百分点。2018年是信访工作的"责任落实年"，在信访案件总数大幅增长的情况下，重复信访得到有效化解。

表2　　　　　　　　政府依法行政相关案件的数据

考评目标 \ 年份	2008	2009	2010	2011	2012	2013	2014	2015	2016	2017	2018
行政机关败诉的案件数（件）	3	2	4	1	0	3	13	23	20	10	22
引发行政诉讼的复议案件数（件）	6	9	19	6	0	7	36	26	27	7	7
行政部门工作人员重大违法乱纪案件数（件）	34	13	17	6	7	20	13	7	7	6	8

续表

年份 考评目标	2008	2009	2010	2011	2012	2013	2014	2015	2016	2017	2018
信访案件总数（件）	39002	47413	49364	50061	48587	49576	48996	53823	67792	120783	309970
信访案件结案率（%）	99.80	99.13	99.80	99.80	99.80	99.80	99.80	99.8	99.8	99.8	99.8
引发重复信访的信访案件数占全部案件的比率（%）	9.90	3.43	3.06	2.83	2.79	2.60	2.81	6.3	5.1	3.3	0.9

3. 司法公平正义的相关数据

由表3数据可以看出，在法院受理案件数量较多的前提下，2018年，余杭区人民法院面临越来越多案情较复杂的案件，为维护司法公平正义，各项指标有所波动。首先，法院一审案件数量较高，表明法院的权威日益提高。2018年的一审案件数为23887件，达到历年最高水平，基层法院的工作量持续增加。其次，一审通过调解结案的案件比例和上诉案件率均有所回升。2018年一审通过调解结案的案件占38.34%，较2017年的38.03%有一个微弱的增长，继2013年至2016年的持续四年下降后连续两年有所回升；另一方面，上诉案件率为6.57%，虽较2017年的5.68%增长了0.89个百分点，但在案件数量大幅增长的前提下也在一定程度上表明了一审案件当事人愿意信任司法的公平正义，越来越多的当事人能够接受法院的调解或判决。值得注意的是，2018年抗诉案件率指标高达0.15%，为历年最高水平。由此可见，在社会经济不断发展的背景下，不仅案件数越来越多，案情也越来越复杂，维护司法公正权威对法官的职业素养提出了要求。

表3　　　　　　　　　　司法公平正义的相关案件数据

考评目标＼年份	2008	2009	2010	2011	2012	2013	2014	2015	2016	2017	2018
一审案件数	8223	10678	10023	10779	11764	12641	21941	19549	20177	23388	23887
上诉案件率（％）	4.80	4.30	6.10	5.39	6.04	6.73	6.81	6.99	7.23	5.68	6.57
抗诉案件率（％）	0.01	0.01	0.05	0.02	0.02	0	0	0	0.005	0	0.15
再审案件率（％）	0.09	0.22	0.04	0.05	0.04	0.15	0.12	0.05	0.055	0.073	0.0084
二审改判率（％）	6.00	8.80	7.50	5.80	5.20	8.23	6.30	7.73	8.19	11.41	10.37
上诉案件中改判、发回重审案件占当年结案数的比例（％）	0.27	0.24	0.39	0.44	0.21	0.47	0.60	0.46	0.56	0.60	0.33
一审通过调解结案的案件比例（％）	—	34.64	55.85	35.51	39.30	46.66	44.57	40.83	36.25	38.03	38.34

4. 公民素质提升的相关数据

由表4可以看出，余杭区公民素质的相关数据得到显著改善。首先，民事案件和行政案件占所有案件比率一升一降，显示公民依法维权的意识和素质不断提高。其中，2018年民事案件占所有案件比率为62.14%，较2014—2016年的水平有所下降；另外，2018年行政案件有所降低，占所有案件的比率为0.98%，仅为2017年的2.13%的半数不到。再次，无论是未成年人还是成年人的犯罪情况，2018年的相关数值均呈上升态势。其中，14—18周岁的犯罪人数有所增长，由2017年的27人增长为2018年的30人；相反，不满18周岁组中每十万人违反治安管理法的人数则下降为2.39%。余杭区构建学校、家庭、社会三位一体的青少年普法教育网络需要进一步管理与强化。在"18周岁以上犯罪人数"方面，2018年的1912人较2017年的1554人增长358人。最后，2018年余杭区公民的人均律师、法律服务工作者拥有率与上一年持平。随着余杭区人口的不断流入，产业集聚区和小城镇得到培育和发展，与之相对应的法律服务也应同步完善，因此，应优化律师执业环境，强化律师和法律服务工作者队伍建设，力争早日实现"十三五"末每万人拥有

2.3 名律师的指标要求。

表4　　　　　　　　　公民素质提升的部分相关数据

年份 考评目标	2008	2009	2010	2011	2012	2013	2014	2015	2016	2017	2018
人均律师、法律服务工作者拥有率（每万人）	1.34	1.33	1.47	1.29	1.43	1.53	1.72	1.91	1.99	1.92	1.92
民事案件占所有案件比率（%）	61.04	63.80	58.40	57.60	56.14	59.34	64.50	65	64.37	60.43	62.14
行政案件占所有案件比率（%）	0.40	0.37	0.39	0.25	0.34	2.93	0.79	1.03	0.71	2.13	0.98
14—18周岁犯罪人数（人）	154	124	112	154	150	139	102	76	47	27	30
不满18周岁组中每十万人违反治安管理法的人数（人）	18	11.54	13.46	13.36	17.02	14.41	8.18	5.24	5.69	4.22	2.39
18周岁以上犯罪人数（人）	1554	1778	1358	2013	2368	2044	2308	1784	2429	1554	1912

（二）2018年"法治余杭"自评

为更加准确、全面地掌握"法治余杭"的建设实效，余杭区在政府机关内部自我测评的基础上，进一步开展了"法治余杭"建设专项工作组的年度考评。为确保评审的中立性，这部分的数据在法治指数测评时仅作为评审活动的参考，并不直接作为计算依据。

根据评估实践的具体操作和实施情况的深入，"建设法治政府"（指标二）、"民众尊崇法治"（指标五）的标准分自2010年开始分别从160分和100分调整为165分和95分，故下表仅对调整后的年度进行纵向比较。

表5　2010—2018年度"法治余杭"考评各项指标实施情况的得分

序号	考评目标	标准分	2010	2011	2012	2013	2014	2015	2016	2017	2018
1	推进民主政治建设，提高党的执政能力	110	82	79	105	87	95	95	93	95	93
2	全面推进依法行政，努力建设法治政府	165	129	137	151	141	120	133	135	144	147
3	促进司法公正，维护司法权威	130	130	127	114	125	130	115	130	130	120
4	拓展法律服务，维护社会公平	100	93	96	94	98	98	100	100	100	100
5	深化全民法制教育，增强法治意识、提升法律素养	95	86	88	89	90	93	93	93	93	89
6	依法规范市场秩序，促进经济良性发展	100	97	96	96	97	98	100	100	100	100
7	依法加强社会建设，推进全面协调发展	100	94	97	98	99	100	100	99	100	100
8	深化平安余杭创建，维护社会和谐稳定	100	100	100	96	100	100	98	100	100	100
9	健全监督体制，提高监督效能	100	98	98	98	98	98	98	98	100	100
总分		1000	909	918	941	935	932	932	948	962	949

综合2010—2018年各项指标的考评分可以看出：九项指标整体平稳并向好，尤其近几年扣分项主要集中于前两项指标，党委依法执政和政府依法行政成为"法治余杭"建设自评工作中最需要攻关的课题。2018年度，余杭区的自评总分为949分，较2017年降低13分。具言之，"推进民主政治建设，提高党的执政能力""促进司法公正，维护司法权威""深化全民法制教育，增强法治意识、提升法律素养"这三项指标的数值较去年有一定下滑。首先，在"推进民主政治建设，提高党的执政能力"方面，余杭区纪委党纪对干部作出的政务处分以及选民实际参加人民代表选举的比率未达标问题是被扣分的主要原因。其次，在"促进司法公

正,维护司法权威"方面,人大会议对两院工作报告满意度和人民群众对司法机关的工作满意度低于标准水平。再次,在"深化全民法制教育,增强法治意识、提升法律素养"方面,课题组通过民调所得群众对法治工作的满意度分数为78.38分,低于目标分数90分。最后,"全面推进依法行政,努力建设法治政府"项2018年的分数虽比之前5年都高,但行政部门工作人员发生违法违纪案件并遭查处者8人,且2018年区政府审结行政复议案件纠错率低于2018年司法部数据全国平均值的15%,相关问题都应当引起重视。

由于上述数据主要来自政府机关内部的自我测评,相对来说客观中立性有所欠缺,为了保证法治指数评估的真实性和可靠性,下文将从民意调查、内外组评审及专家组评审等调查手段获取第一手数据,对基础数据所反映的情况进行更为客观具体的陈述和分析。

二 民意调查

(一) 群众满意度问卷调查

根据余杭区20个街道的人口数比例,本次群众满意度调查共发出问卷5000份,共计收到有效问卷4047份。在样本选择上,本着多样性、代表性、客观性的原则,课题组在街头、学校、行政服务中心、社区、企业等地发放问卷,选取了不同年龄、不同职业、不同文化程度的社会各阶层民众来开展调研。

问卷选项按照十道题目所获的分数由高到低排序,对满意度的统计如图1所示。其中,20个街道的具体民调得分的具体情况如图1显示。

由图1可知,余杭区群众最满意的为"社会平安和谐"指标,得分为83.69分。此外对总体法治水平的满意度紧随其后为81.21分,再次为"司法公正权威"的80.62分。分数排在最后一项的是"权利救济有效"指标,得分为75.12分,说明余杭区在私权利救济上仍有进步空间。所有问题的满意度分数均达到75分以上,位列第三,说明余杭当地公民对法治余杭建设的总体状况较为满意。图2为余杭区共20个街道(镇)的具体打分情况。

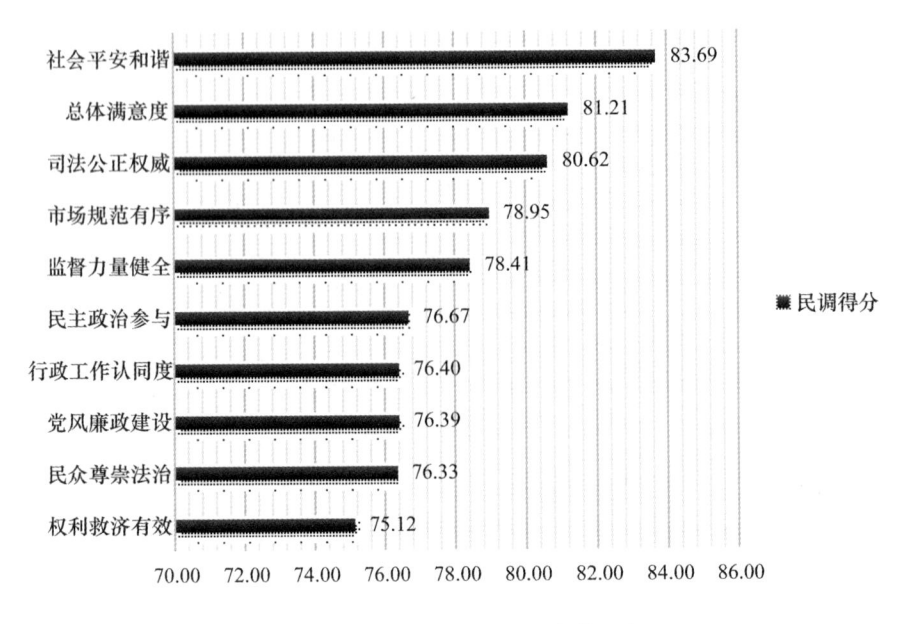

指标	民调得分
社会平安和谐	83.69
总体满意度	81.21
司法公正权威	80.62
市场规范有序	78.95
监督力量健全	78.41
民主政治参与	76.67
行政工作认同度	76.40
党风廉政建设	76.39
民众尊崇法治	76.33
权利救济有效	75.12

图1　2018年度群众问卷调查满意度

(二) 调查结果数据分析

2018年度"法治余杭"群众满意度指数为78.38分,各项得分情况及对比如下图3、图4所示。

从总分来看,2018年群众对法治余杭的总体评价保持平稳,较2017年略有下降。所有指标的得分均较上年有不同程度降低,但以2为周期的移动平均值仍在整体上呈上升趋势,各项指标高于历年平均值。其中"行政工作认同度""司法公正权威"和"监督力量健全"这三项指标与2017年分数相差最小,说明群众对当地党务、政务、村(居)务的行政工作认同度相对高,对当地司法公正和政府部门接受群众监督的实现情况基本满意。各项数据中较2017年分数下降最多的是"总体满意度"指标,共下降4.62分。这说明余杭区群众对当地法治建设的整体情况满意度较低,法治余杭建设仍待加强。

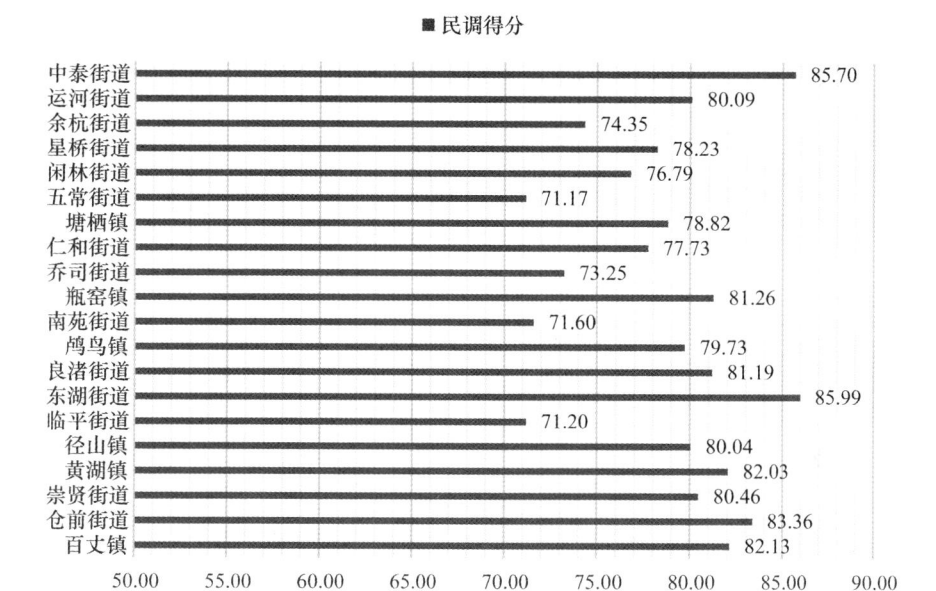

图 2　2018 年度 20 个街道民调得分情况

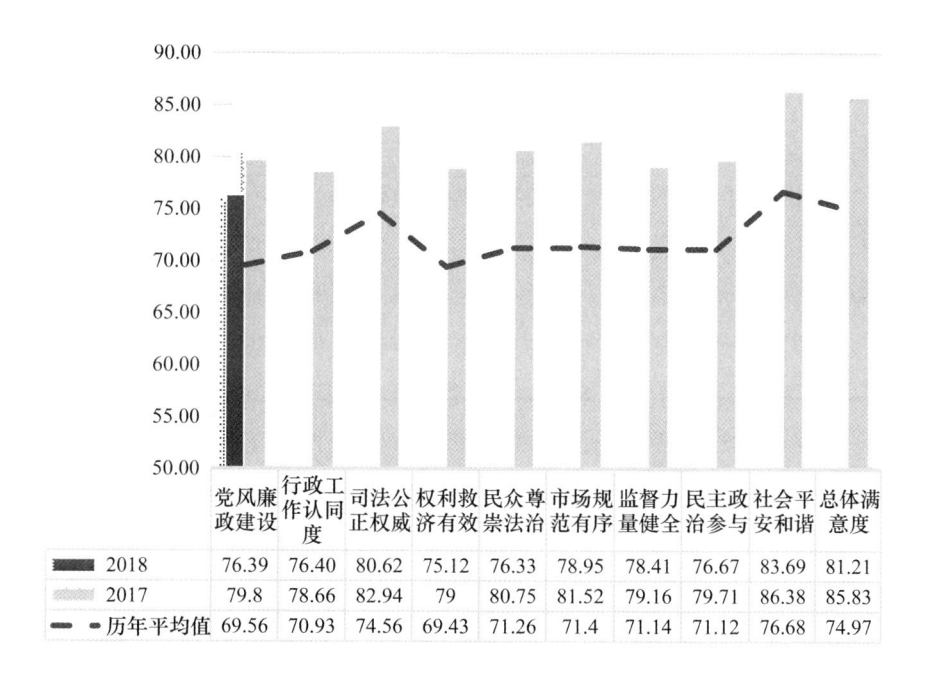

	党风廉政建设	行政工作认同度	司法公正权威	权利救济有效	民众尊崇法治	市场规范有序	监督力量健全	民主政治参与	社会平安和谐	总体满意度
2018	76.39	76.40	80.62	75.12	76.33	78.95	78.41	76.67	83.69	81.21
2017	79.8	78.66	82.94	79	80.75	81.52	79.16	79.71	86.38	85.83
历年平均值	69.56	70.93	74.56	69.43	71.26	71.4	71.14	71.12	76.68	74.97

图 3　2018 年度问卷调查十项得分情况及对比

图例：民调指数 - - 趋势线（移动平均）

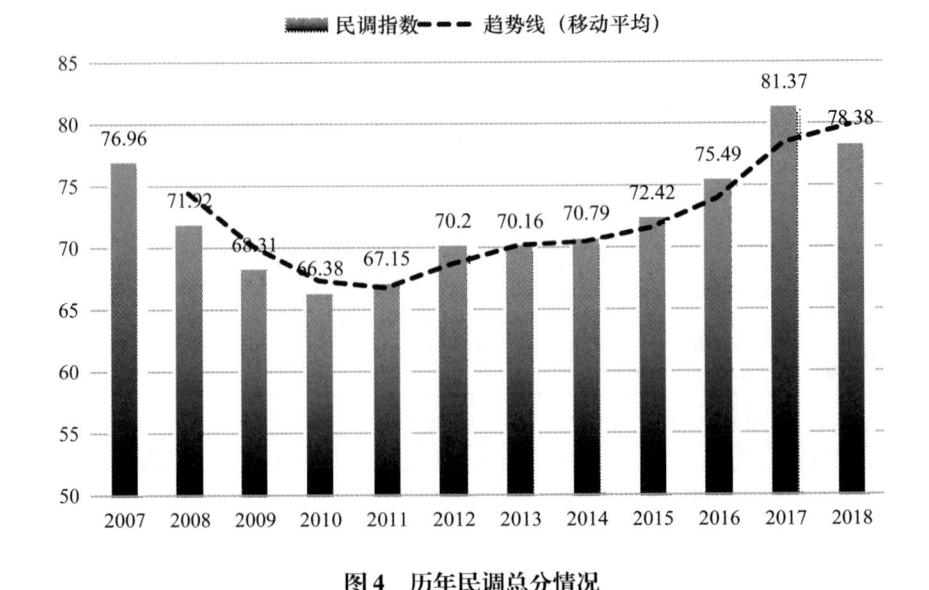

年份	得分
2007	76.96
2008	71.92
2009	68.31
2010	66.38
2011	67.15
2012	70.2
2013	70.16
2014	70.79
2015	72.42
2016	75.49
2017	81.37
2018	78.38

图 4　历年民调总分情况

三　内部评审组的评审结果及其分析

（一）内部组评审人员构成与指标权重确定

2018 年内部组成员是从余杭地区的党委、人大、政府以及司法机构、律师事务所中直接参与法律工作的成员中，随机抽取 20 名人员组成的。权重的得分反映了内部组成员认为各项指标的重要性程度。经标准化[①]后，权重最终得分情况和近五年该项得分情况如下图所示。

比较各年度权重得分，2018 年的具体赋分与往年相比有一定变化。整体来看，指标权重得分波动较小，评审组在赋分上相对谨慎，2018 年九项指标权重更加趋同，各项指标在"法治余杭"建设中均体现出其重要性。分指标来看，"民众尊崇法治""司法公正权威"和"监督力量健全"等指标权重较 2017 年有所下滑，而"社会平安和谐"和"民主执政

---

① 某年第 i 项指标的标准化权重 $W_i = w_i / (w_1 + \cdots + w9) \times 90$。

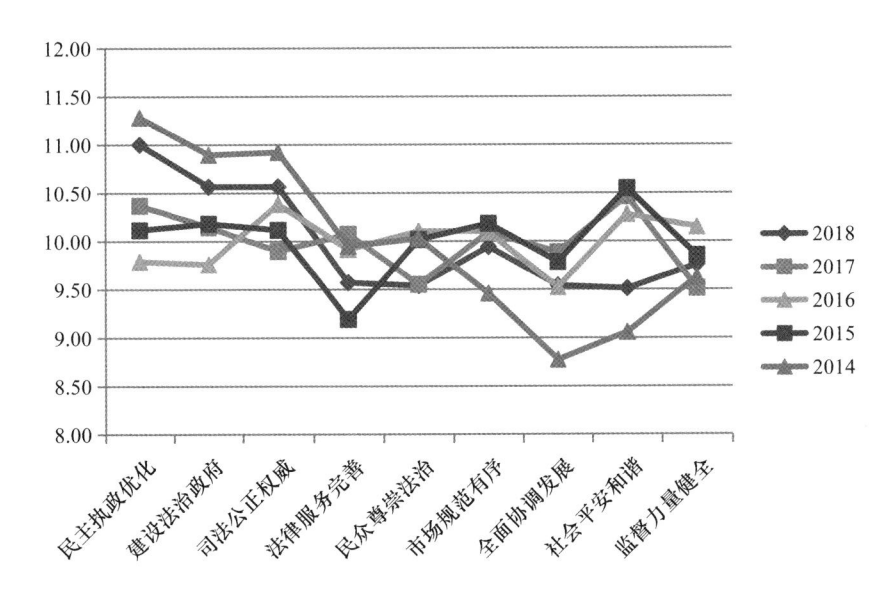

图5 2014—2018年内部评审组对九项权重平均赋分情况

优化"成为2018年度内部评审组最重视的两项指标。

（二）内部组对各指标实施情况的评分及分析

对内部组评估的平均分值进行考查，可从两个角度进行：其一，通过对内部组单项指标得分进行分析比较，分析各目标项的发展状况；其二，分析内部评估总分值。

总体来看，2018年余杭法治指数九项指标的内部组评分总分达到79.11分，比上一年下降1.86分，所有指标得分均明显高于历年平均分。2018年得分最高的指标为"社会平安和谐"，达到80.80分，较历年平均分79.91分高出0.89分。内部组给出的低分则集中出现在指标"民主执政优化""建设法治政府""全面协调发展"和"监督力量健全"上，分别为77.85分、77.95分、79.15分和79.15分。其中内部组对"司法公正权威"的评价分歧较大，而"民众尊崇法治"的整体平均分较低。

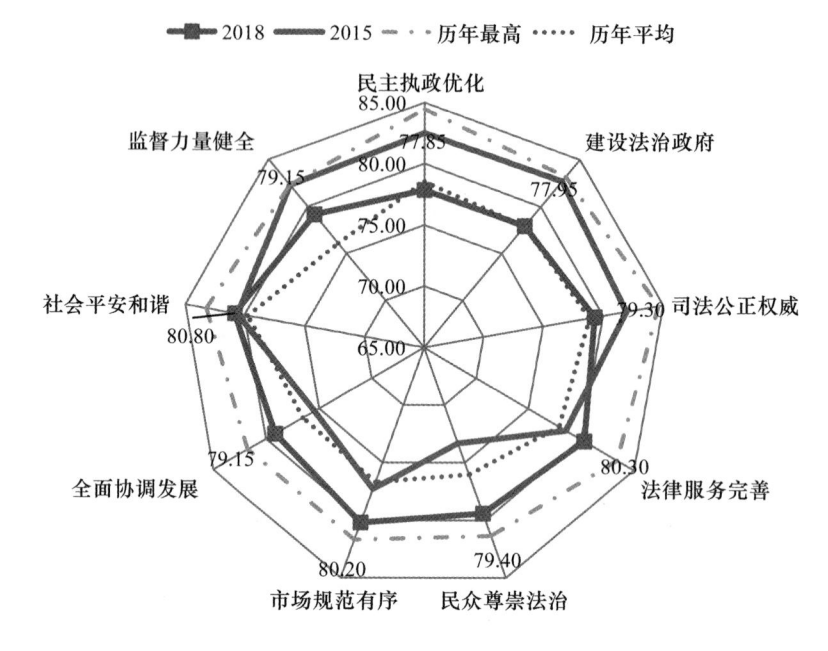

图6 2018年内部组对九项指标的评分情况及对比

四 外部评审组的评审结果及其分析

(一) 外部组评审人员构成与指标权重确定

外部组由不直接参与余杭党委、人大、政府以及司法机关工作,但知晓或直接、间接参与或者关注余杭法律事务的非政府组织、教育机构、新闻媒体、企业的人员甚至参与过司法诉讼的当事人代表组成。人员构成更加多元,有利于全面地反映余杭的法治进程。近五年外部组权重打分情况如下。

外部评审组对指标权重的赋分整体上差距逐渐缩小,且总体变动不大。分指标来看,前三项指标与课题组预设的考虑相同,依然占据权重最高的前三位。相应地,"法律服务完善""民众尊崇法治"和"社会平安和谐"等指标的相对权重也降低到了近五年的较低水平。

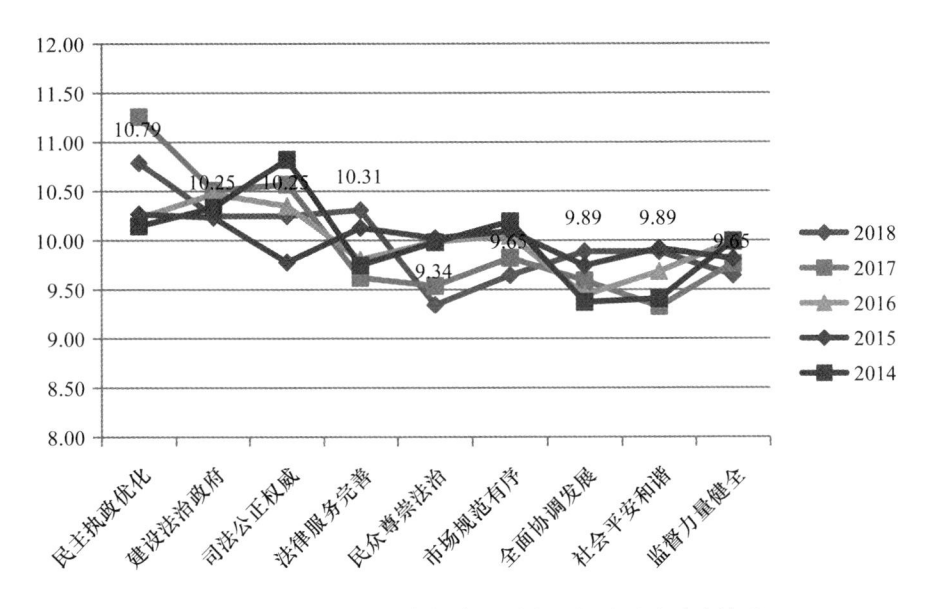

图7　2014—2018年外部评审组对九项权重平均赋分情况

（二）外部组评审指标实施情况分析

外部组评分的具体情况及历年对比见下图。

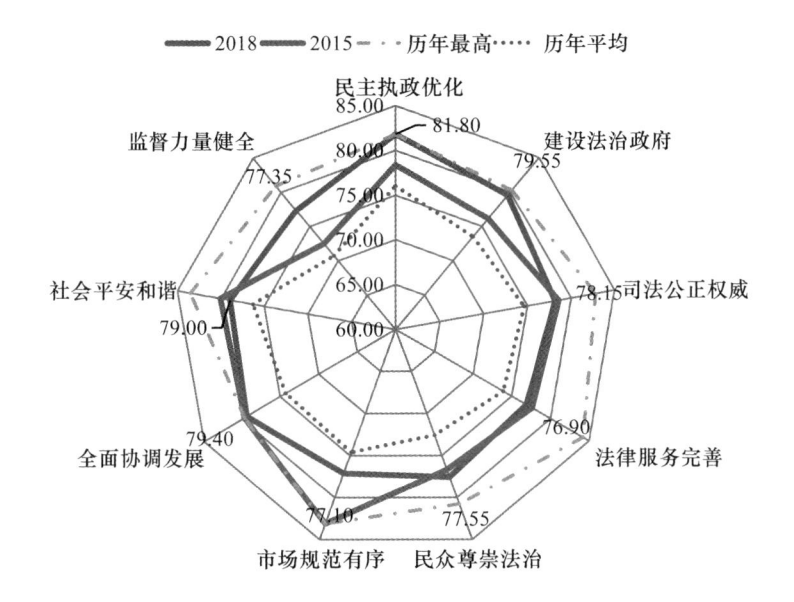

图8　2018年外部组对九项指标的评分情况及对比

总体看来，2018年外部组最终打分为78.66分，比2017年的81.22分降低2.56分，说明外部组对2018年余杭的法治状况整体上仍有很多需要改进之处。分指标来看，所有指标评分均高于历年平均值，且多项指标接近历年最高值。与内部组相比，外部组的评分较为统一，其中得分最低的三项指标为"法律服务完善""市场规范有序"和"监督力量健全"，分别为76.90分、77.10分和77.35分。都较上一年度的略有降低。

五 专家组评审分析及余杭法治指数的计算

（一）专家组评审情况

2018年，课题组在对内部组和外部组数据采样的基础上，邀请11名有较高知名度的法学家参与评审。相较于群众满意度调查的纯主观感受和内部评审组的自评色彩，专家评审组作为独立的第三方，立场更为客观，评分也具有权威性和公信力。

具体操作中，专家们根据民意调查结果、内外评审组的最后打分和意见反馈，以及余杭有关部门提供的当地法治建设详细陈述，就余杭法治状况九个指标项分别给出权重值和评分，对评分进行处理后，最终得出各指标的平均值以及专家组对余杭法治情况的总评分。专家组对2018年余杭法治情况的总评分为78.45分。

（二）专家组评审结果分析

2018年，专家组对余杭法治情况的总评分为78.45分，较2017年度的71.96分有显著提高。2018年专家组对九项指标评分具体情况[1]如下图所示。

与2017年相比，2018年专家组对九项指标的权重赋分总体呈上升趋势。其中权重最高的三项指标权重都为9.22，并列第一，分别为"社会平安和谐""建设法治政府"和"民主执政优化"，而排名第四的"监督力量健全"权重，由7.78提升至9.11，较2017年有明显上升。从评分

---

[1] 专家组的权重评分不进行历年情况对比，故得分不作内外部评审组的标准化处理。

■ 评分   ■ 权重

民主执政优化 77.78 | 建设法治政府 79.22 | 司法公正权威 77.78 | 法律服务完善 80.78 | 民众尊崇法治 75.44 | 市场规范有序 80.22 | 全面协调发展 77.11 | 社会平安和谐 81.33 | 监督力量健全 76.11

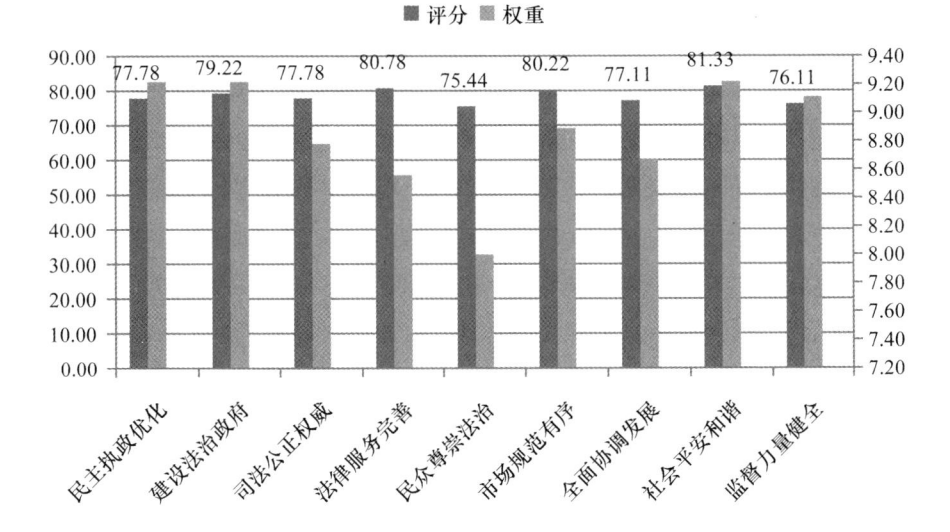

图9 2018年专家组对九项指标的评分情况

来看，2018年专家组对九项指标的打分均有不同程度上升，说明余杭区法治建设实践中的效果在逐步显现。得分最高的三项指标是"社会平安和谐""法律服务完善"和"市场规范有序"，总体与民意调查、内部组和外部组调查结果的相关性较高。

（三）2018年度余杭法治指数的计算

2018年度余杭法治指数在民意调查、内外组评分和专家组评审后，最终借助科学设计的统计模型，得出2018年度的余杭法治指数为78.58分，比2017年度下降0.12分。具体计算过程如下：

余杭法治指数的计算公式：

$$\overline{\widetilde{s}} = \sum\nolimits_{j=1}^{9} \overline{\widetilde{w}}_j \widetilde{s}_j$$

通过上述公式可分别计算出内组、外部组以及专家组三部分的最后法治指数分值，结合民意调查分值，计算出余杭法治指数最终分值。下表清晰地显示了这个计算过程。

表6　　　　　　　　　余杭法治指数计算模型

组别		得分	权重	总分
群众满意度		78.38	35%	78.58
评审组	内部组	79.11	35%	
	外部组	78.66		
专家打分		78.45	30%	

各部分的分值在余杭法治指数最终分值中所占比率分别为：民意调查得分占35%，内部组与外部组的评分共占35%，专家组的评分占30%。余杭的外部组评估意见整体占到了82.5%。

将2018年余杭法治指数和历年指数得分作比较，可得下图10。

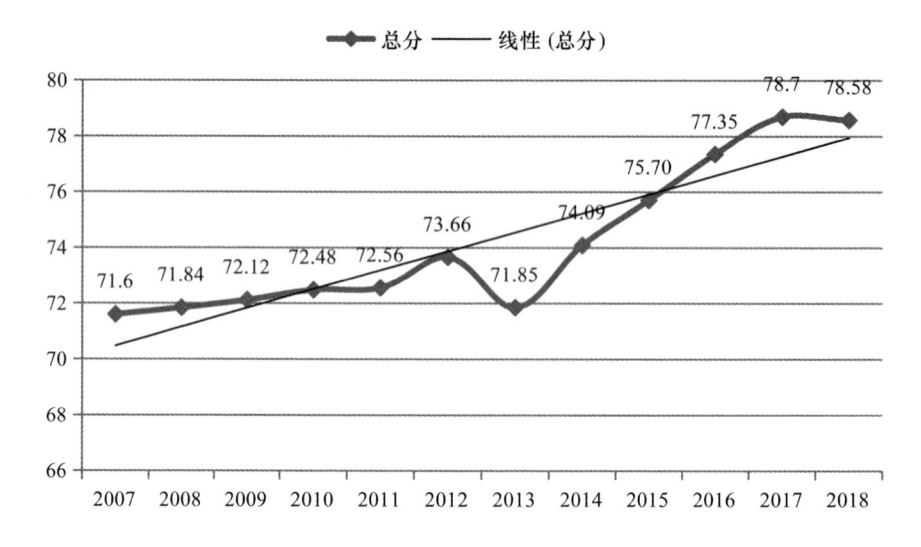

图10　历年余杭法治指数

从总分看，余杭法治指数自2007年至今的11年间，总体线性趋势为上升趋势。然而，较之2017年、2018年的分数略有下滑，映射出余杭区总体的法治发展保持稳健增长但仍有努力空间。从各指标来看，"社会平安和谐"和"司法公正权威"在各组别中均得到较高评价，且呈群众满意度高于评审组评分的现象，法治余杭建设情况得到了群众的广泛认同。

六 问题与建议

从总体看，法治余杭建设水平较为平稳，分数虽较上一年度稍有降低，但降幅较小，其法治水平仍然处于全国各县区前列。同时，从更高的标准看，法治余杭建设依然存在一些问题和困难，需要多措并举，建设更高水平的法治余杭。

（一）问题分析

宏观上看，2018年度余杭法治指数测评结果为78.58分，比2017年度下降0.12分。这个微弱的下降表明在中国面临巨大社会变革的关键时机，余杭法治建设在总体上颇有成效，但仍有提升空间。比对2017年与2018年的民意调查、司法系统内部组评估、外部组评估、专家组评审这四个基本方面的分数可知，2018年除专家组评审分数较2017年有显著提升外，其他三个方面均有不同程度的下降，分别下降了2.99分、3.28分和2.56分。课题组通过实地调研与数据分析，认为以下三个问题是余杭法治指数测评分数下降的重要影响因素。

1. 法治引导下的市场规范程度不足

余杭区2018年城镇居民人均可支配收入达62819元，较2017年的57738元有了显著提升。2018年全区实现生产总值（GDP）2312.45亿元，按可比价格计算，同比增长11.2%，增幅高于全国6.6%、全省7.1%、全市6.7%平均水平。按户籍人口计算，全区人均GDP为21.62万元，增长5.3%。按当年平均汇率计算，户籍人均GDP为3.20万美元。[①] 这充分说明了在中国面临经济转型与社会转型的关键时期，余杭区人民较好地把握了经济形势，在部分行业低迷的宏观形势下实现了人均可支配收入的大幅提升。然而，目前市场的规范程度并未与稳步增长的经济形势相匹配，不足以满足市场经济的发展需求。市场规范性欠缺将

---

① 数据来源于《2018年杭州市余杭区国民经济和社会发展统计公报》，http://www.yuhang.gov.cn/art/2019/4/25/art_1532125_36699188.html。

成为经济进一步发展的重大阻碍。究其原因，这与余杭区的自身特点有很大关系。

第一，流动性人口数量庞大导致的市场秩序建立难。流动性人口作为一部分市场参与者，相对而言是市场发展中的不稳定因素。并且，流动性人口一直在犯罪人口中占有很大比重。余杭区特殊的地理位置决定其城乡结合带偏多，加上近年来不断加快的经济社会发展速度，使流动人口不断增多。本地人与外地人高度混合，关系复杂，矛盾多发，社会与经济管理难度加大。这是余杭区的客观基础，决定了规范市场关系难度较大。根据余杭区统计局的数据，截至2018年末，全区户籍人口109.86万人，比上年末增加5.81万人。年末总户数31.52万户，比上年末增加2.10万户。全年城镇新增就业人员38176人，引导和帮助11025名城镇失业人员再就业。因此管理好余杭区的流动人口是规范市场秩序的重中之重。

第二，各类刑事犯罪，特别是经济类犯罪成为市场发展短板。同时，这也是民调中群众对法治工作满意度较低（课题组民调指数得分为78.38分）的重要原因之一。2018年余杭区在浙江省有重大影响的知识产权的侵权案件数为3件，这是在2014—2016年的0件、2017年的2件之后达到的5年最高值。18岁以上犯罪人数由2017年的1554人增加至1912人，人数提高了23%。此外，也要特别注意未成年人的犯罪情况。2018年14—18岁犯罪人数为30人，较2017年的27人增加3人。刑事犯罪增加是法治发展的负动力，是市场发展的短板，应当是下一步法治余杭的工作重点。

第三，权利救济有效性偏低，民众对法治的尊崇度被削弱。2018年民调分数可以清楚地反映出，余杭区共20个街道的民众对于"权利救济有效性"和"民众对法治的尊崇度"这两个方面的认可度最低，分数为各项指标的最低分，分别为76.33分和75.12分，较2017年的80.75分和79分分别下降4.42分和3.88分。同时，这两个指标在内、外部评审组的打分中分数也偏低。这说明民众——特别是市场参与者——对于权利的救济通道或权利一旦受到侵犯是否能够得到一个切实、公正的救济结果仍然是未来余杭区法治建设中的一个工作重点，这同时也与民众对法治的尊崇程度息息相关。

2. 党员干部贪腐问题亟待解决

尽管2018年度全区行政部门工作人员重大违法乱纪案件数维持在较低水平，但是纪委的调查案件总数达到248件，较上年增加25件，其中被追究刑责29人。在纪委的调查案件中，涉案的相关违法经济数额巨大，挽回经济损失828余万元。同时，群众检举党员干部贪腐问题的案件数激增至366件，比2016年的63件、2015年的61件、2014年的83件高出数倍，比2017年的276件也高出90件之多；其中，群众检举党员干部贪腐问题，调查属实案件数为51件，相比2017年的18件、2016年的2件、2015年的5件和2014年的7件也呈倍数增长。从上述数据来看，余杭区在重大违法乱纪管控方面成效显著，但在党员干部贪腐问题的治理方面仍有很多工作需要完成。

与党员干部廉洁程度有较大关联的是信访案件的数目，部分群众通过信访渠道期望权利获得救济，正是因为认为存在党员干部的贪污腐败，权力的滥用会导致受到侵犯的权利无法及时获得救济。数据显示，2018年信访案件总数达309970批、317006人次，几乎是2017年的3倍。引发重复信访的信访案件数占全部案件的比率为0.9%，其中老信访户（三年内信访超过3次的信访人员）也有32人。

上述情况间接导致了在"民主执政优化"这一指标上，内部组的打分并不尽如人意：2018年内部组在这一项上的打分为77.85，是各项指标中分数最低的一项，比2017年的84.94降低了7.09分。这一项分数偏低直接影响内部组总分数的下降：总分为79.11分，比上一年下降1.86分。这说明余杭区在依法治国大形势下，在党风廉政建设问题上需要加大解决力度，以期在未来的一年里进一步提升法治水平。

3. 法治发展与司法资源匮乏之间存在矛盾

2018年，余杭区人民的维权意识和民主意识的提升都在指标上有所表现。法院的一审案件数量快速增长，达到23887件，而余杭法官人数却连年递减。2018年更是下降至89人，较2017年的96人减少7人，达近5年最低值。不仅如此，每万人拥有的检察官、警察等司法资源的人数均呈快速下降趋势：每十万人的检察官人数为110人（政法编制人员总数）；每万人的警察人数为 3.27 人（警力数 889 人，总人口数为 271.55 万人）；每十万人的刑事警察人数为 2.50 人。余杭区内律师和法律服务工作者人数的增长也未能和人口流入的速度相匹配：每十万人的律师、法律服务工作者人数（常住人口）为律师 310 人、法律服务工作者 49 人。同时，得到司法援助案件的数目也较去年有所变化：民商法律援助案件数为 2036 件（2017 年为 3090 件）；刑事法律援助案件数为 1004 件（2017 年为 698 件）；其他法律援助案件数为 5 件（2017 年为 15 件）。

司法资源的投入量与法律援助案件的获得量是民众衡量权利是否得到依法保障的重要指标，也是影响民调中"总体满意度"指标的重要因素。在以助益人类生活、提升人性尊严的法治日渐深入人心的当今时代，法治的发展离不开充足的司法资源的支持，与全国许多经济发展较快的地区相似，余杭区呈现出了法治程度的深化与司法资源不足的矛盾。

（二）对策建议

1. 强化法治导向，持续优化营商环境

以法治为导向，遵循依法治国思想，通过提升市场规范化程度来持续优化营商环境是余杭区法治化水平的有力举措。针对相关问题，提出如下对策建议。

首先，可设立流动人口联络站和信息库，将外来流动人口建立和编入相关组织，共同参与基层社会治理，规范市场秩序。切实强化流动人口综合管理服务，加强归正人员的帮教安置、社区矫正和轻微违法犯罪人员的教育挽救工作。建立外来流动人员定期联系制度，主要可以通过探索设置流动人员联络站等载体，明确领导干部和网格支部联络人员，定期联系网格内外来流动人员，以外来流动人员代表为桥梁，收集并反馈流动人口民情意见；在各个阵地、网络渠道公开联系人及联络的外来流动人员信息。此外，也应积极将外来流动人员纳入本地人员教育和管理的整体工作中。比如，将外地流动党员纳入本地党员组织和社团中，让外地流动党员起到先进带头作用，以流动党员带动流动群众。

其次，创新法治宣传教育形式，可适当利用新型传媒方式，打造多元化、针对性强的普法宣传教育活动。鉴于未成年人将成为未来的市场

竞争者，应当重视对未成年人的教育和培养。对未成年人的法治教育不仅仅在于预防未成年人犯罪，更在于从小培育法治思维，从人的角度构建未来的法治社会。余杭区本地人口的成年人犯罪率并不高，并且侵财类犯罪和暴力型犯罪较少。针对这种情况，可结合"打造一条普法旅游线路、增设一批媒体普法专栏节目、培育一批特色法治文化品牌、建设一批普法悦学点、完善一批法治体验点"工作，并可通过未成年人更喜欢的社交媒体平台、网络信息平台发布相关内容的法律宣传教育活动，以更加有感染力的形象和方式完成法治教育。

最后，政府相关部门运用科技监管手段实行监管精准化，同时设立权利救济的绿色通道，保障市场参与者权利救济的有效性。随着信用监管立法的完善和信用信息的丰富，信用监管执法行为必将日益规范，监管手段将越来越精准。特别是对守信激励和失信惩戒机制的建设，更需要严格限定行政管理部门的职能权限，对市场主体的信用信息进行分类评价，针对不同的信用类别，采取恰当的激励或惩戒。以大数据、云计算、互联网为代表的新一轮产业变革和科技创新，催生了互联网经济的快速增长，颠覆了传统的消费模式和产业模式，在改革进入的纵深阶段，要确保监管能更好地恪守职责，实现执法效能，避免出现系统性风险，就必须及时更新现有的监管理念、管理手段、实现机制，构建起新型的市场监管体系，营造出公平竞争的市场环境。

2. **培育法治文化，加快完善党风廉政建设**

党的十八届四中全会提出，"法律的权威源自人民的内心拥护和真诚信仰。人民权益要靠法律保障，法律权威要靠人民维护。必须弘扬社会主义法治精神，建设社会主义法治文化，增强全社会厉行法治的积极性和主动性，形成守法光荣、违法可耻的社会氛围，使全体人民都成为社会主义法治的忠实崇尚者、自觉遵守者、坚定捍卫者"。要使法律文化繁荣昌盛，就要重提双百方针。科学文化的发展有其自身的发展规律，要百花齐放，百家争鸣才能繁荣和发展。在这个前提下建立中国特色的法治理念体系，同时要进一步健全法律教育和法治宣教工作，使广大公民，特别是党员干部有法律意识，法律理念朝着法治文化的氛围培育，甚至养成法律神圣不可侵犯的意识。针对党员干部之中存在的腐败问题，以及如何加强党风廉政建设，具体来讲可从以下几个方面进行改善。

第一，党务公开与政府信息公开相结合，营造透明廉洁政务环境。从调研数据上看来，余杭区在党务公开和政府信息公开方面，干部任用公示的比例过去五年始终保持在100%。在落实政府信息主动公开方面，也成果显著。加强领导干部带头遵法学法守法用法，制定和完善领导干部学法用法工作制度，网上法律知识考试参考率、合格率100%。落实党委（党组）书记履行法治建设第一责任人职责，带头讲法治课。组织开展"法治大讲堂"、公务员"学法用法"轮训班，有效运用党委（党组）会、中心组学习、支部党员大会、"周三夜学"等载体，把宪法、法律和党内法规列入学习内容，用法治思维武装大脑，用法律法规规范领导干部及公职人员的行为。举办"政府开放日"活动，探索政府雇员制，通过加强绩效管理和审计监督，深化党风廉政建设责任。

第二，深化标本兼治，提高党员干部法律意识。"标本兼治"是预防和惩罚结合的治理方式。我国传统三种反腐模式主要侧重于对腐败行为的惩处，体现为治标反腐。思想支配行为，人的腐败首先是思想道德的腐败。只有从思想上遏制腐败动机，才能有效预防腐败行为。法治思维是法治方式的"精神内核"，培育反腐倡廉法治思维是构建预防腐败长效机制的前提。一方面，要健全领导干部学法用法的制度。要把学法用法的能力和业绩纳入领导干部选拔任用的考评要素。完善领导干部学法用法的相关规定和制度，将依办事、依法管理、依法决策等作为考评项目列入领导干部选拔任用的基本条件，促使领导干部"真学、善用、坚守"。另一方面，普及法治教育，创新"参与型培育"。在传统讲解式培育的基础之上，组织公职人员以及社会成员代表参与行政复议、旁听案件审理、加入实地调研、举办"法治人物"评选等生动的法治教学实践活动，使广大社会成员切实体会到法治就在身边，提高对法治的价值认同、自觉性与自信心，提升整个社会对法治思维的认知层次和运用法治方式处理问题的能力。这些都是行之有效的措施，可以通过提高党员干部的法律意识将可能发生的贪腐行为熄灭于未燃之时。

第三，坚持基层法治思维，健全反腐倡廉长效机制。究其根本，"依法治国"的理念与标本兼治反腐是互相契合的。一方面，法治反腐模式为标本兼治提供制度依据。法治反腐以法律至上为理念，而法律是构建预防腐败和惩罚腐败的制度要件，能将"治标"与"治本"有效衔接起来。另一方面，法治反腐模式为标本兼治提供强制保障。实践表明，仅仅通过提高思想道德进行自觉反腐是有些理想主义且缺乏保障的，没有权威的强制力作为坚强后盾，即使制定科学合理的反腐措施都难以实现或者长久保持良好状态，使反腐措施受到权力压制而得不到实现。因此，只有内外兼修，标本兼治，才是推进党风廉政建设和反腐败工作的最有效手段。

3. 健全法律服务机制，加大司法资源投放力度

法律服务机制健全，是指法律服务机制既要规范也要依法，要加强律师的职业道德教育，更主要的是充分发挥律师的作用，尊重律师的权利，也要加强法律援助等制度的建设。党的十八届四中全会《决定》提出，"全面推进依法治国，必须大力提高法治工作队伍思想政治素质、业务工作能力、职业道德水准，着力建设一支忠于党、忠于国家、忠于人民、忠于法律的社会主义法治工作队伍"，"加强法律服务队伍建设，增强广大律师走中国特色社会主义法治道路的自觉性和坚定性，构建社会律师、公职律师、公司律师等优势互补、结构合理的律师队伍"，并首次提出，"建立从符合条件的律师、法学专家中招录立法工作者、法官、检察官制度，健全从政法专业毕业生中招录人才的规范便捷机制"。

对于现存问题，课题组提出如下建议。首先，要缓解法治发展进程中的司法资源不足困境，应优化有限的司法资源配置，提高资源使用效率。党的十八届四中全会《决定》提出："健全公安机关、检察机关、审判机关、司法行政机关各司其职，侦查权、检察权、审判权、执行权相互配合、相互制约的体制机制。"深化以审判为中心的诉讼制度改革，其路径是优化司法职权、配置司法资源、校正司法尺度。其中，司法权力的制衡是一方面，另一方面也在于通过各司其职前提下的流程优化和"再造"，利用不同平台的优势，提升办事或服务效率。比如，在公共法律服务方面，可深入结合基层社会治理体系，构建网格化的法律服务模式，完善服务的覆盖面，继续实施"法律援助惠民工程"，加强法律援助力度。再如，可持续探索运用互联网和大数据建立预警体系，防范重点

领域纠纷爆发的风险。

其次,实行有效措施吸引优秀法律人才。充分重视律师和法律服务工作者的法律服务功能,规范市场,完善律师、公证、司法鉴定、法律援助、基层法律服务体系,拓展服务领域和方式,并不断强化律师、律所培育管理,构建和谐的律师执业环境,完善配套的经费保障机制和法律人才引进政策,吸引更多优秀律师和法律服务工作者加入余杭区。此外,探索建立并落实优秀法律人才选拔机制,包括员额法官、检察官的公开遴选机制,破解体制内法律职业人员的晋升难题。

最后,拓宽纠纷解决渠道,充分发挥多元化纠纷解决机制的分流作用。党的十九大报告提出要"打造共建共治共享的社会治理格局","推动社会治理重心向基层下移"。应结合时代和社会特点搭建纠纷解决平台,创新发展"枫桥经验",发挥人民调解的第一道防线作用。2017 年,在网络交易纠纷难决的背景下,余杭区指导建成省内首个互联网行业人民调解组织——阿里巴巴集团人民调解委员会,就网上调解信息化平台建设开展深度合作,这是一种商事纠纷重难点领域的解决模式创新,必将促进电子商务经济健康有序发展,同时也实现了对商事领域纠纷的分流。

七 结语

十余年来,余杭法治指数多处于 71—79 分段,稳中有升,通过法治评估带动基层治理体系和治理能力水平大力提升。各级党政领导干部及法治建设部门法治思维、法治意识日益增强,余杭法治建设成效举国知名,"余杭经验"为全国建立科学的法治建设指标体系和考核标准等决策的提出提供了参考。如今,中央更加重视法治建设成效。在全社会进入大数据、智慧化的时代背景下,余杭法治建设及其评估也面临新任务和新挑战,急需创新发展。一方面,应在过去法治评估的经验总结基础上,看到不足,充分研究大数据对法治评估的影响,挖掘大数据对法治评估的助力,研制出法治余杭评估的创新体系,增强评估的客观性、科学性和实用性,树立法治评估的余杭品牌,进一步复制推广余杭法治评估经验，切实推进余杭迈向实效法治观的发展路径。另一方面，应努力探索基层治理现代化的生动实践和鲜活经验，可将其他先进治理经验融入法治余杭的基层治理体系。如新时代"枫桥经验"在化解矛盾、防范风险、服务群众方面具有独特优势，可充分发挥其在践行党的群众路线、推进基层社会治理中的重要作用，增强法治评估对余杭政治、经济、民生各领域的渗透和嵌入，进而提升法治评估的实用性和实效性。